Romain Fellens
wurde 1958 in Esch-Alzette (Luxemburg) geboren.
Der Journalist schreibt für verschiedene Zeitungen und Zeitschriften
und hat sich auch als Autor von Sachbüchern
für Kinder und Erwachsene einen Namen gemacht.

WISSEN, SPASS UND SPANNUNG

Romain Fellens

Quizfragen für schlaue Kids

Arena

Die Deutsche Bibliothek – CIP-Einheitsaufnahme

Fellens, Romain:
Quizfragen für schlaue Kids / Romain Fellens.
- 1. Aufl. - Würzburg: Arena, 1994
(Wissen, Spaß und Spannung)
ISBN 3-401-04532-6

1. Auflage 1994
© by Arena Verlag GmbH, Würzburg
Alle Rechte vorbehalten
Reihengestaltung und Einbandillustration:
Ralf Butschkow
Gesamtherstellung:
Chemnitzer Druck und Verlag GmbH,
Werk Zwickau
ISBN 3-401-04532-6

Inhalt

Geheimnisvolle Tierwelt
?

1 Das imposante Tier gilt als der Vorfahre unserer Elefanten. Es lebte in der Eiszeit im heutigen Europa, in Nordamerika und in Nordasien. Von wem ist hier die Rede?

*

2 Wir kennen den Schäferhund, den Labrador, den Bernhardiner, den Dackel, den Pudel und viele andere Rassen. Doch wie viele Hunderassen gibt es eigentlich?

*

3 Einen ziemlich wirksamen Schutz gegen unliebsame Gegner hat das Stachelschwein. Genau wie sein wesentlich kleinerer Neffe, der Igel, kauert sich auch dieses friedliebende Tier bei Gefahr zusammen und richtet seine Stacheln auf. Wie viele solcher Minispeere hat ein Stachelschwein?

Geheimnisvolle Tierwelt

!

1 Vom Mammut. Der Vorläufer unserer Elefanten war viel größer als diese. Es hatte ein langes dunkelbraunes Fell, gekrümmte Stoßzähne, die bis zu fünf Meter lang waren, und brachte spielend fünf Tonnen auf die Waage. Trotz seiner gewaltigen Statur war es eines der wichtigsten Jagdtiere der Steinzeitmenschen. Mit dem Ende der Eiszeit starb das Mammut aus; in Sibirien haben Forscher solche Riesenelefanten im ewigen Eis gefunden, die sogar nahezu vollständig erhalten waren.

*

2 Der Internationale Verband der Kynologen (Hundezüchter) erkennt derzeit 328 verschiedene Hunderassen auf der ganzen Welt an. Insgesamt dürfte sich die Zahl der Hunderassen auf über 400 belaufen; doch nicht alle sind von diesem Verband als eigenständige Rasse anerkannt.

*

3 Ein Stachelschwein kann bis zu 30 000 Stacheln haben, die es blitzschnell aufrichten kann. Die teils sehr spitzen natürlichen Waffen dieses Tieres können, je nach Art, bis zu 40 Zentimeter lang werden. Manche Arten haben sogar Stacheln mit Widerhaken. Wenn sich das Stachelschwein, das ein ganz friedliches Wesen hat, bedroht fühlt, klappert es auch manchmal mit den Stacheln, um so seinen Gegner einzuschüchtern und zu vertreiben.

4 Die kleinsten Hunde der Welt sind die Chihuahuas. Die aus Mexiko stammenden Vierbeiner, die zwischen einem und drei Kilogramm Gewicht erreichen, finden bequem Platz in einer Damenhandtasche. Doch wie heißen die größten Hunde der Welt?

*

5 Wenn die Tage kürzer werden und die Temperaturen immer tiefer sinken, ziehen wir automatisch wärmere Kleidung an. Viele Vogelarten reagieren da anders. Sie spreizen ihre Flügel und heben ganz einfach ab – in Richtung Süden, wo es wärmer ist. Wie nennt man diese Vögel?

*

6 Wenn eine Katze einem eventuellen Gegner imponieren will, dann faucht sie nicht nur, sondern greift auch noch zu einer List: Sie macht sich größer. Wie aber macht sie das?

*

7 Der Steinadler gilt als einer der schnellsten Vögel der Welt. Welche Geschwindigkeit kann der bis zu 90 cm große Sturzflugspezialist erreichen?

4 Die größten Hunde der Welt sind die irischen Wolfshunde. Ihre Schulterhöhe kann 90 Zentimeter und auch mehr erreichen. Wenn sie sich auf die Waage stellen, pendelt sich der Zeiger bei 55 bis 60 Kilogramm ein. Wie ihr Name schon verrät, sollen sie aus Irland stammen, wo sie bei der Jagd auf Wölfe und Hirsche eingesetzt wurden.

*

5 Vögel, die alljährlich bei Beginn des Winters in Richtung Süden fliegen, bezeichnet man als Zugvögel. Ihre Wanderung nennt man Vogelzug. Sie bewegen sich dabei, meist nach einem ganz bestimmten System, über Hunderte, ja sogar Tausende von Kilometern in bestimmten Zugstraßen. Manche Vögel ziehen auf diesem Weg sogar bis an die Spitze Südafrikas.

*

6 Wenn sie größer erscheinen will, stellt sie sich etwas seitlich hin und macht einen Buckel. Auf diese Weise wirkt auch schon eine kleine Katze wesentlich imposanter. Damit das noch imponierender aussieht, richtet sie auch noch die Nacken- und Rückenhaare bedrohlich auf.

*

7 Bei dem Tempo, das dieser stolze Vogel schaffen kann, sieht so mancher Sportwagen wie eine lahme Ente aus. Denn der Steinadler, der eine Spannweite von etwa zwei Metern hat, kann Geschwindigkeiten bis zu 190 Stundenkilometern erreichen. Bei einem dieser Adler wurde sogar die Rekordgeschwindigkeit von 240 Stundenkilometern gemessen.

8 Ganz praktisch hat die Natur diesen Bären ausgestattet. Er hat nämlich genaugenommen immer seine eigene Decke dabei, in die er sich einhüllen kann. Von welchem Bären ist hier die Rede?

*

9 Trampeltiere und Dromedare sind Kamele. Sie unterscheiden sich durch ein ganz bestimmtes Merkmal voneinander. Woran erkennt man, um welche Tierart es sich handelt?

*

10 Eine besonders schlaue Methode, eventuelle Verfolger irrezuführen und somit abzuschütteln, hat der Hase. Wie geht Meister Lampe dabei vor?

*

11 Auch im Tierreich gibt es eine Art Cowboy. Dieser »Cowboy«, der in Amerika, Australien und auch in Afrika vorkommt, fängt seine Beute mit einem Lasso. Um welches Tier handelt es sich?

8 Vom Wickelbären. Der etwa 45 Zentimeter große Bär, der auch noch als Honigbär bezeichnet wird, kann dabei auf seinen eigenen haarigen Schwanz zurückgreifen. Dieser ist mit 47 Zentimetern länger als sein Körper. Deshalb kann sich der kleine Baumbewohner aus Mittel- und Südamerika ganz prima in den langen Schwanz einwickeln.

*

9 An den Höckern. Beide Tiere zählen zur Familie der Kamele, doch das Dromedar hat nur einen Höcker, während das Trampeltier über zwei der aus Fettgewebe bestehenden Höcker verfügt. Die Höcker enthalten körpereigenen »Proviant« für das Tier, und neuen Erkenntnissen zufolge sollen sie auch als eine Art Sonnenschutz dienen.

*

10 Die Methode, die das Langohr anwendet, ist wirklich clever. Es läuft ganz einfach seine eigene Spur wieder zurück, so daß die Verfolger vor einer Spur stehen, die augenscheinlich plötzlich aufhört und nirgendwo mehr weiterführt.

*

11 Um die Lassospinne. Diese spinnt kein Netz, sondern fängt ihre Beute mit einem bis zu 70 Zentimeter langen Faden, an dessen Ende viele Speicheltropfen kleben. Wenn sie eine Beute entdeckt, schwingt sie ihr Lasso, woraufhin ihr Opfer an dem klebrigen Faden hängenbleibt.

12 In jedem Wolfsrudel gibt es einen Boß, der das absolute Sagen hat und dessen Befehlen gehorcht wird. Wie nennt man dieses Tier?

*

13 Vom Aussehen her erinnern diese großen Wasservögel ein wenig an vornehme Kellner oder an Herren im Smoking. Sie sind exzellente Schwimmer und Taucher, haben einen ziemlich watschelnden Gang und leben vor allem in den antarktischen Regionen. Wie heißen sie?

*

14 Beim Menschen dauert eine Schwangerschaft bekanntlich neun Monate. Wie lange dauert sie bei einem Elefanten?

12 Das ranghöchste Tier im Rudel wird als Leitwolf oder auch als Alpha-Wolf bezeichnet. Er ist der uneingeschränkte Herrscher in der Gruppe. Innerhalb eines Wolfsrudels herrschen strenge Regeln. So sind Weibchen und Männchen beispielsweise in verschiedene Rangstufen eingeteilt.

*

13 Pinguine. Sie gehören zwar zu den Vögeln, doch sie können nicht fliegen. Ihre Flügel sind längst zu Flossen umgewandelt, und zwischen den Zehen haben sie Schwimmhäute. Die Pinguine, von denen es 20 Arten gibt, erreichen je nach Art eine Größe von 30 bis 120 Zentimetern. Sie kommen nur zur Brutzeit an Land, wobei sie dann in ausgedehnten Kolonien nisten und ihre Eier in Erdmulden ausbrüten. Die geselligen Pinguine sind sehr besorgt um ihren Nachwuchs und haben ein starkes gesellschaftliches Empfinden. Außerdem haben diese Tiere bei der Fischjagd einen Vorteil gegenüber anderen Jägern: Sie können unter Wasser hervorragend sehen.

*

14 Bei Elefanten beträgt die Tragzeit 20 bis 23 Monate. Meist kommt nur ein Junges zur Welt. Die grauen Rüsseltiere, die bis zu 70 Jahre alt werden können, werden im Alter von acht bis zwölf Jahren geschlechtsreif, aber erst im Alter von 25 Jahren gelten sie als ausgewachsen.

15 Wenn ein Krokodil Nachwuchs bekommen hat, so sorgt es dafür, daß die Jungen wohlbehalten aufwachsen können. Sogar beim Transport sind die Krokodile sehr umsichtig mit den Babykrokodilen. Wie werden die Kleinen transportiert?

*

16 Am Tage schlafen diese Tiere meistens. Sie befinden sich dann, oft kopfüber festgekrallt, in Baum- und Felshöhlen und manchmal auch in alten Häusern. Bei Einbruch der Dämmerung werden sie richtig lebendig. Dann flattern sie, von einem hervorragenden Leitsystem gesteuert, durch die Lüfte. Wie heißen diese Tiere, die manche Leute gerne mit Dracula und den Vampiren in Verbindung bringen?

*

17 Im ostasiatischen Raum gibt es eine Vogelart, die dem Menschen beim Fangen von Fischen hilft. Wie heißt dieser Schwimmvogel, der auch noch Meerrabe genannt wird?

15 Die jungen Krokodile werden auf eine praktische und auch sichere Weise transportiert: Sie treten längere Wege – ganz bequem – im Maul ihrer Mutter an.

*

16 Die Rede ist von den Fledermäusen, den einzigen fliegenden Säugetieren. Manche Vertreter der etwa 750 Arten, wie etwa die sogenannten tropischen Flughunde, erreichen Flügellängen von bis zu 1,50 Meter. Die größte Besonderheit bei Fledermäusen ist allerdings ihr Orientierungssystem, das mit Ultraschall funktioniert. Sie senden dabei Ultraschallwellen aus, deren Echo beim Auftreffen auf einen Gegenstand zurückgeworfen und von der Fledermaus blitzschnell registriert wird.

*

17 Es handelt sich dabei um den Kormoran. Der 50 bis 90 Zentimeter große Vogel, von dem es 30 Arten gibt, wird wegen seiner Fangfähigkeiten zum Fischfang eingesetzt. Dazu wird dem Tier, das gerne Fische frißt, ein Ring um den Hals gelegt, damit es den gefangenen Fisch nicht herunterschlucken kann. Erst nach getaner Arbeit wird der Ring entfernt, und der Vogel kann seinen Hunger stillen. In China und Japan ist es schon längst gelungen, Kormorane so abzurichten, daß sie auch ohne Halsring dem Menschen beim Fischen helfen.

18 Wenn man im Wald oder in einem Feld einem kleinen Reh oder einem Hasenkind begegnet, so darf man es, auch wenn es noch so lieb aussieht, auf keinen Fall berühren. Jedes noch so nett gemeinte Streicheln könnte für das Tier schreckliche Folgen haben. Wieso ist das so?

*

19 Sein Name ist Würger. Doch trotz dieses eher ungemütlichen Namens braucht man bei seinem Anblick keine Polizei einzuschalten, denn er tut keinem Menschen etwas zuleide. Wer ist dieser Würger?

*

20 Man sieht es dem kleinen Kerl eigentlich nicht an, doch er ist seinerzeit gezüchtet worden, um bei der Jagd auf den Dachs und den Fuchs zu helfen. Welcher Hund ist gemeint?

18 Die Tierkinder haben ihren ganz eigenen Geruch, den ihre Mutter schon von weitem riecht. Wenn wir Menschen sie berühren, bekommen sie einen für das Muttertier fremden Geruch. Die Mutter der Tiere erkennt diesen fremden Geruch nicht an und kümmert sich deshalb auch nicht mehr um die Kleinen. So kann es vorkommen, daß sie den Tieren nichts mehr zu essen und zu trinken gibt und diese dann verhungern müssen.

*

19 Der Würger ist ein Vogel. Er wird bis zu 30 Zentimeter lang und lebt vorrangig in Afrika, Nordamerika und eurasischen Regionen. Die Vogelkundler kennen rund 320 Arten und Unterarten dieses Singvogels.

*

20 Der Dackel. Der Teckel oder Dachshund, wie der Dackel auch noch genannt wird, hatte die Aufgabe, unterirdisch lebende Tiere, wie den Dachs oder den Fuchs, in ihrem Bau aufzustöbern und sie aus ihrer Wohnung zu treiben. Mit seinen kurzen Beinen und seinem langgezogenen Körper war er für diese Art von Einsatz gut geeignet. Heute gibt es mehrere Rassen, die wegen der Art ihrer Behaarung als Kurzhaar-, Langhaar- oder Rauhhaardackel eingestuft werden.

21 Die Tiere werden, wegen ihrer bleichen Körperfarbe, oft fälschlicherweise als »weiße Ameisen« bezeichnet. Wie heißen die in tropischen Gefilden vorkommenden Tiere richtig?

*

22 Früher, als es noch kein Telefon und kein Telefax gab, wurde eine bestimmte Vogelart häufig zur Überbringung von Nachrichten eingesetzt. Um welche Vögel handelte es sich dabei?

*

23 Er ist einer der größten Vögel der Erde, und eines seiner markantesten Merkmale ist der lange Schnabel mit dem großen Sack am Unterkiefer. Wie heißt dieser Vogel?

21 Sie heißen Termiten. Genau wie die Ameisen, mit denen sie nicht verwandt sind, bilden die Termiten Staaten, in denen Millionen Tiere leben. In ihren Bauten, die mitunter bis zu sechs Meter hoch werden können, haben sie König und Königin. Die große Menge der Bevölkerung bilden Soldaten und Arbeiter. Bei manchen Indianerstämmen am Amazonas gelten diese Insekten als besondere Leckerbissen.

*

22 Um die Brieftauben. Die auch noch als Reisetauben bezeichneten Vögel wurden aus verschiedenen Rassen der Haustaube gezüchtet. Brieftauben sind außerordentlich flugtüchtig und sehr ausdauernd. Sie können an einem einzigen Tag bis zu 1 000 Kilometer zurücklegen und dabei eine durchschnittliche Geschwindigkeit von 60 Stundenkilometern einhalten. Daneben macht aber auch das extrem ausgeprägte Heimfindungsvermögen der Tauben, von denen es etwa 300 verschiedene Arten gibt, sie zu idealen Boten.

*

23 Sein Name ist Pelikan. Sieben Pelikanarten sind bekannt, wovon manche bis zu 25 Kilogramm schwer werden und eine Spannweite bis zu drei Meter aufweisen können. Die Pelikane, die ausgezeichnete Flieger und Schwimmer sind, nisten in großen Kolonien in Südosteuropa, Südasien und Afrika. Das Markenzeichen des Pelikans ist der lange Schnabel mit dem großen sackartigen Behälter am Unterkiefer. Dieser Hautsack ist für ihn ein praktisches Instrument beim Fischfang.

24 Die Katze faucht und kratzt, der Hund knurrt und schnappt, wenn man ihnen zu sehr auf den Pelz rückt. Doch es gibt auch ein Tier, das spuckt, wenn man ihm zu nahe kommt. Wie heißt es?

*

25 Einmal im Jahr wechseln die Vögel ihr Federkleid. Wie nennt man diese meist nach der Brutzeit einsetzende Prozedur?

*

26 Hunde haben eine viel bessere Nase als Menschen. Ihr Geruchssinn ist sehr ausgeprägt. Doch auch unter den Hunden gibt es bestimmte Rassen, deren Vertreter besser riechen können als andere. Welche Hunde haben den besten Geruchssinn?

*

27 Es gibt zwei Elefantengattungen: den afrikanischen Elefanten und den indischen Elefanten. In welcher Gattung sind die größeren und kräftigeren Tiere zu finden?

24 Das spuckende Tier heißt Lama. Wenn es seine Ruhe haben will, reagiert es durch Spucken auf zu aufdringliche Zeitgenossen. Das Lama gehört zur Gattung der Kleinkamele und lebt in den südamerikanischen Anden. In den hohen Bergen ist es Milch- und Wollieferant, und es hilft den Menschen dort auch beim Tragen von Lasten.

*

25 Der Wechsel des Federkleides wird Mauser genannt. Bei den meisten Vögeln erfolgt sie einmal im Jahr. Manche Vogelarten verlieren ihre Federn aber auch zweimal im Jahr – jeweils im Herbst und im Frühjahr. Vögel, die in der Mauser sind, erkennt man daran, daß sie ziemlich struppig aussehen.

*

26 Weltmeister unter den guten Schnüfflern ist der deutsche Schäferhund. Er kann – das haben Untersuchungen ergeben – einen Tropfen Schwefelsäure aus zehn Millionen Tropfen Wasser noch herausriechen.

*

27 Der afrikanische Elefant, der als das größte Säugetier an Land gilt, erreicht eine Schulterhöhe von über drei Metern. Er kann bis zu 7 500 Kilogramm auf die Waage bringen. Sein indischer Kollege bleibt kleiner und wird auch nicht so schwer. Seine Schulterhöhe beträgt maximal bis zu drei Meter, und sein Gewicht beträgt bis zu 5 000 Kilogramm.

28 Diese Echse verfügt geradezu über ein eingebautes Jagdinstrument. Denn sie kann ihre klebrige Zunge blitzschnell herausschnellen lassen, um so ihre Beute zu erwischen. Wie heißt das Reptil?

*

29 Die größte in Europa vorkommende Eule hat einen kurzen Namen, der ganz leicht zu behalten ist. Wie lautet er?

28 Chamäleon. Es kann seine Zunge 15 bis 20 Zentimeter weit aus dem Maul herausschießen. Im Ruhezustand liegt die Zunge zusammengezogen im Schlund. Das Chamäleon hat aber nicht nur dieses praktische Utensil für die Jagd, sondern ist auch in der Lage, seine Farbe zu wechseln, um sich so seiner Umgebung anzupassen. Weltweit gibt es 85 verschiedene Chamäleonarten; manche Arten werden bis zu 50 Zentimeter lang.

*

29 Die größte Eule heißt Uhu. Der Vogel mit den besonderen orangefarbenen Augen und den Federohren kann bis zu 70 Zentimeter groß werden. Lange galt er als Symbol der Weisheit und des Wissens. Durch Verfolgung ist das Tier in Europa allerdings selten geworden; in Nordwesteuropa gilt es sogar als ausgerottet.

Besondere Pflänzchen

?

1 Man muß eine ganze Menge Platz im Garten haben, wenn man einen solchen Baum pflanzen will, denn die Sequoien, wie sie genannt werden, können einen Stammumfang von zwölf Metern und eine Höhe von bis zu 135 Metern erreichen. Wie heißen diese Bäume auch noch?

*

2 Trotz ihres Namens ist die Fetthenne keine besonders fettes Huhn, sondern etwas ganz anderes. Was steckt wohl hinter diesem Namen?

*

3 Im Tabak ist eine ganze Reihe von Giftstoffen enthalten. Einer davon ist besonders bekannt. Wie heißt dieser Giftstoff?

Besondere Pflänzchen

!

1 Man nennt sie Mammutbäume. Die immergrünen Riesenbäume, neben denen der Mensch sich richtig winzig vorkommt, sind tatsächlich wahre Rekordhalter in Sachen Größe und Umfang. Aber sie sind nicht nur riesig hoch und sehr dick, sondern können auch uralt werden. Manche Mammutbäume sind über 5 000 Jahre alt.

*

2 Die Fetthenne ist eine Pflanze, die zur Gattung der Dickblattgewächse gehört. Rund 500 Arten dieser Pflanze sind bekannt, 25 davon kommen in Mitteleuropa vor. Sie hat fleischige Blätter und gelbe, weißrote oder blaue Blüten.

*

3 Er heißt Nikotin und kommt vor allem in den Blättern der Tabakpflanze vor, die zur Gattung der Nachtschattengewächse gehört. Das Alkaloid Nikotin, das nach dem französischen Diplomaten Jean Nicot benannt wurde, der den Tabak im 16. Jahrhundert in Frankreich einführte, hat kurzzeitig eine erregende Wirkung auf den Organismus. Das Rauchen von Tabak in Form von Zigaretten, Zigarren oder in der Pfeife macht allerdings auch abhängig und kann die Entstehung und den Verlauf einer ganzen Reihe von Krankheiten begünstigen.

4 Algen werden zu den ältesten Pflanzen der Welt gezählt. Wissenschaftler nehmen an, daß es sie schon vor einer Milliarde Jahren gegeben hat. Manche von ihnen können ganz schön lang werden. Welche Größe können sie wohl erreichen?

*

5 Es gibt eine Vielzahl verschiedener Nüsse, und alle schmecken sie auf ihre eigene Weise gut. Eine bestimmte Nuß aber enthält neben dem leckeren Fruchtfleisch auch noch eine wohlschmeckende Milch. Wie heißt diese Nuß?

*

6 Die Menschen haben Fallen gebaut, um auch auf diese Weise Tiere zu jagen. Aber auch im Bereich der Flora gibt es etliche Pflanzen, die mit bestimmten Fangvorrichtungen Jagd auf Kleintiere machen. Wie nennt man diese Pflanzen und ihre »Tierfallen«?

4 Es gibt Algen im Meer, die mehr als 50 Meter lang sind. Andere aus der mehr als 30 000 Arten umfassenden Familie sollen sogar bis zu 300 Meter lang werden. Dabei handelt es sich um sogenannte Riesenalgen. Die freischwimmenden oder festgewachsenen Algen sind nicht nur wichtige Nahrung vieler Wassertiere, sondern sie werden auch vom Menschen im medizinischen und im kosmetischen Bereich genutzt.

*

5 Es ist die Kokosnuß. Die etwa kopfgroße und zirka ein Kilogramm schwere Steinfrucht wächst auf der Kokospalme. Die Kokospalmen werden seit Tausenden von Jahren bereits kultiviert. In Indien ist die Kokosnuß schon seit 4 000 Jahren bekannt. In ihren Herkunftsländern werden diese Nüsse vielseitig verwendet. Ihr Fleisch und ihre Milch dienen der Ernährung. Die Fasern werden zu Bürsten und Matten verarbeitet. Das Samenfett wird zu Kopra und somit zu Kokosfett, das unter anderem bei der Herstellung von Kerzen und Seifen eine Rolle spielt.

*

6 Es handelt sich dabei um sogenannte fleischfressende Pflanzen. Durch ihren Duft oder ihre besondere Blütenfarbe locken sie Insekten und andere Kleintiere an und halten sie dann fest. Dies geschieht mit besonderen Fangvorrichtungen wie Fallenblättern oder Fangblasen. Bekannte Pflanzen dieser Art sind die Venusfliegenfalle, das Fettkraut und die Kannenpflanze.

7 Diese Blume gilt als die Königin der Blumen. Und sie ist auch ein Symbol der Liebe. Obschon es von ihr nur knapp 100 Arten gibt, so sind doch mehr als 5 000 verschiedene Zuchtsorten von ihr bekannt. Welche Blume ist gemeint?

*

8 Aus dem Schlafmohn wird ein Rohstoff gewonnen, der bei der Produktion von Medikamenten benutzt wird. Er bildet aber auch die Grundlage für die Herstellung eines der gefährlichsten Rauschmittel, des Heroins. Wie heißt der Rohstoff des Schlafmohns?

*

9 Ohne die Kartoffel würde es auf unseren Eßtischen und in den Geschäftsregalen viel leerer aussehen, denn dieses wichtige Nahrungsmittel wird in zahlreichen Varianten und Formen angeboten. Doch woher stammt sie?

7 Die Rede ist von der Rose. Wahrscheinlich stammt sie aus dem ehemaligen Persien und heutigen Iran, von wo aus sie über Griechenland und Italien zu uns kam. Aus den wenigen Wildrosen in Europa und auch in China wurden viele der edlen bei uns bekannten Rosen gezüchtet. Interessanterweise galt die Rose auch zeitweilig als Heilpflanze und nicht nur als Zierpflanze.

*

8 Man spricht in diesem Falle von Opium. Dabei handelt es sich um den eingetrockneten Milchsaft der unreifen Fruchtkapseln des Schlafmohns. Das Rauschgift Opium wird geraucht oder auch gegessen. Der Konsum und der Besitz von Opium und den daraus entwickelten Drogen ist strafbar.

*

9 Die Kartoffel stammt eigentlich von den Indianern. Forscher haben herausgefunden, daß manche Indianerstämme in den Anden sie schon früher als Nahrungsmittel gezüchtet haben. Im Jahre 1526 machten spanische Eroberer bei den Inkas mit den Erdäpfeln Bekanntschaft. 1550 kamen Kartoffeln nach Spanien und 1564 nach Deutschland.

10 Zucker ist heute, sehr zur Beunruhigung der Zahn-
ärzte, in vielen Lebens- und Genußmitteln enthalten. Doch
wie wird der weiße oder braune Süßstoff aus der Natur
eigentlich gewonnen?

*

11 Diese Bäume sind manchmal nur 15 Zentimeter hoch,
und doch sehen sie bis ins letzte Detail aus wie die Bäume
in der Natur. Wie bezeichnet man diese aus Japan stammenden Miniaturgewächse?

10 Es sind vorrangig das Zuckerrohr und die Zuckerrübe, welche uns den Zucker liefern. Die Gewinnung erfolgt sowohl durch das Auspressen von Zuckerrohr als auch durch die Auslaugung von Zuckerrüben mit warmem Wasser. Den Zucker gibt es schon sehr lange. Die alten Griechen und Römer kannten ihn bereits, und auch die Chinesen süßten ihre Getränke schon damit. Aller Wahrscheinlichkeit nach waren es die Kreuzritter, die den süßen Stoff aus Arabien ins Abendland mitbrachten.

*

11 Die japanischen Zwergbäume heißen Bonsais. Es handelt sich dabei um richtige Bäume, nur daß alles in einem verkleinerten Maßstab vorhanden ist und sie in einer Schale oder in einem Topf stehen. Die ernsthafte Pflege von Bonsais ist eine künstlerische Tradition, die im 12. Jahrhundert in Japan entwickelt wurde. Auch bei uns finden die schönen Miniaturbäume immer mehr Anhänger.

Menschliche Fragen
?

1 Ob ein Mensch blonde, schwarze oder braune Haare hat, hängt von bestimmten körpereigenen Farbstoffen ab. Wie nennt man diese?

*

2 Ein bißchen mulmig wird es einem schon, wenn man zuschaut, wenn Ärzte mit langen Nadeln aus Gold oder Silber bei ihren Patienten in bestimmte Körperstellen hineinstechen. Dabei dient diese Heilmethode auch dazu, Schmerz zu lindern. Wie heißt diese Nadelpraktik?

*

3 Ohne die Einnahme von Essen und Trinken kann der Mensch eine Weile überleben. Würde er aber mit dem Atmen aufhören, so hätte er nicht mehr lange zu leben. Wieviel Luft kann die Lunge eines Menschen wohl fassen?

Menschliche Fragen
!

1 Die Rede ist von den Pigmenten. Diese Farbsubstanzen treten beim Menschen in der Haut und in den Haaren auf und bewirken schwarze, braune, rote und gelbe Farben.

*

2 Sie heißt Akupunktur und stammt aus China, wo sie schon seit Jahrtausenden angewandt wird, um Schmerzen zu lindern oder um die Schmerzempfindlichkeit ganz aufzuheben. Diese uralte Heilmethode, die sich bei uns immer weiter verbreitet, ist auch wirkungsvoll gegen eine Vielzahl von Krankheiten. Eine andere Variante ist die Akupressur. Hier werden die jeweiligen Körperstellen nicht mit Nadeln behandelt, sondern mit bestimmten Drucktechniken bearbeitet.

*

3 Zwischen zwei und fünf Liter Luft kann eine normale Lunge fassen. In der Lunge findet mit dem Einatmen die Aufnahme von Sauerstoff und mit dem Ausatmen die Abgabe von Kohlendioxyd statt. Heute weiß man, daß die richtige Atmung eine wichtige Rolle für den allgemeinen Gesundheitszustand des Menschen spielt.

4 Ärzte haben, wie auch Vertreter von anderen Berufs-
gruppen, ihre ganz eigene Sprache. Manchmal ist diese für
Außenstehende nur schwer oder gar nicht zu verstehen.
Gelegentlich sind aber auch medizinische Fachausdrücke
bekannt. Einer dieser Ausdrücke ist Parodontose. Was versteht man darunter?

*

5 Das Herz gilt als der Motor des Körpers. Wenn es einmal
aufgehört hat zu schlagen, tritt der Tod ein. Im Jahre 1967
gelang es einem Chirurgen erstmals in der Geschichte der
modernen Medizin, ein Herz von Mensch zu Mensch zu
verpflanzen. Wer war dieser Chirurg?

*

6 Ein Mensch hat an seinem Körper etwa 300 000 bis
500 000 Haare. Davon befinden sich 75 000 bis 125 000 Haare auf dem Kopf. Jeden Tag verliert der Mensch 30 bis 40
Haare, die aber im Normalfall wieder nachwachsen. Doch
wie lange lebt eigentlich ein Haar auf dem Kopf?

*

7 Wenn ein Mensch durch eine Verletzung viel Blut ver-
loren hat, muß man ihm unter Umständen Blut übertragen,
um sein Leben zu retten. Dabei wird streng nach der jeweiligen Blutgruppe verfahren. Wie viele Blutgruppen gibt es?

4 Unter Parodontose versteht der Zahnarzt nichts anderes als Zahnfleischschwund. Als Parodont bezeichnet der Mediziner die Umgebung eines Zahnes, wie etwa das Zahnfleisch, die Wurzelhaut und auch die Kieferknochen. Wenn es zu Entzündungen in diesem Bereich kommt, die nicht behandelt werden, kann der Zahn ausfallen.

*

5 Bei dem Chirurgen handelte es sich um den südafrikanischen Arzt Dr. Christiaan Neethling Barnard. Am 3. Dezember 1967 schaffte er es, in einer fünfstündigen Operation einem 55jährigen Patienten das Herz einer verunglückten 25jährigen Frau einzupflanzen.

*

6 Die durchschnittliche Lebensdauer eines Kopfhaares beträgt drei bis vier Jahre. Die Augenwimpern werden bei weitem nicht so alt. Sie fallen meist schon nach 150 Tagen aus und werden durch neue ersetzt. Ein Kopfhaar wächst täglich zwischen 0,25 bis 0,40 Millimeter.

*

7 Es gibt vier Blutgruppen: Null, A, B und AB. Wenn der Spender die gleiche Blutgruppe hat wie der Patient, kann das Blut übertragen werden. Bei der Übertragung von nicht gleichen Blutgruppen hingegen kann es zu schwerwiegenden Komplikationen und sogar zum Tod des Patienten kommen. Nur das Blut der Blutgruppe Null kann Patienten mit anderen Blutgruppen übertragen werden.

8 Nicht alle Menschen wollen, daß Fleisch und Produkte, die aus Fleisch gewonnen werden, auf ihrem Eßtisch stehen. Aus gesundheitlichen Gründen und auch aus moralischen Überlegungen verweigern sie jeglichen Fleischkonsum. Wie heißen Menschen, die sich auf diese Weise ernähren?

*

9 Hat man diese ansteckende Krankheit erst einmal erwischt, so verbringt man zwar einige unangenehme Tage im Bett, doch nach der Gesundung kann man sie für den Rest des Lebens nicht mehr bekommen. Welche Krankheit ist gemeint?

*

10 Wenn heute jemand operiert werden muß, dann geschieht das selbstverständlich unter Berücksichtigung einer ganzen Reihe von Maßnahmen. So wird eine größere Operation nur vorgenommen, wenn der Patient nicht mehr im Wachzustand, sondern betäubt ist. Wie nennt man diese Art der Betäubung?

8 Vegetarier. Bei strengem Vegetarismus sind alle tierischen Eiweiße auf dem Speiseplan verboten. Eine andere Variante ist der Laktovegetarismus. In diesem Fall wird der Konsum von Fleisch, Fisch und Geflügel vermieden; Milchprodukte und Eier sind bei dieser Variante hingegen erlaubt.

*

9 Die Röteln. Diese Kinderkrankheit, die durch einen Virus ausgelöst und sehr leicht übertragen wird, äußert sich durch Hautausschlag mit kleinen roten Flecken. Auch etwas Fieber kann auftreten. Nach etwa einer Woche ist der Hautausschlag aber meist wieder verschwunden.

*

10 Diese Narkose heißt Anästhesie. Dabei wird der Patient mit einem starken Betäubungsmittel für eine bestimmte Zeit eingeschläfert. Auf diese Weise erlebt er die Operation nicht bewußt mit und die Ärzte können ruhiger arbeiten als bei einem wachen Patienten.

Der Mensch und sein Körper

Wie viele verschiedene Muskeln hat der Mensch?

Er hat 656 Muskeln.

Wie viele Muskeln muß der Mensch aktivieren, wenn er lachen will?

18 Muskeln; um traurig auszusehen, braucht er nur fünf.

Wie viele Muskeln muß der Mensch einsetzen, um einen einzigen Schritt zu tun?

54 Muskeln

Wie lange dauert die Schwangerschaft bei einem Menschen?

Neun Monate

Aus wie vielen Knochen besteht die menschliche Wirbelsäule?

Aus 33 Knochen

Wie viele Rippen hat ein Mensch?

Zwölf Rippen

Welche Körperteile wachsen beim Menschen ein ganzes Leben lang?

Die Ohren und die Nase

Wie viele Atemzüge macht der Mensch durchschnittlich in einer Minute?

Zwölf bis 20 Atemzüge

Wie viele Zähne hat ein erwachsener Mensch?

32 Zähne

Welches wichtige Körperorgan schlägt etwa 100 000mal am Tag?

Das menschliche Herz

Wie viele Liter Blut hat ein erwachsener Mensch in seinen Adern?

Fünf bis sechs Liter

Wie viele Geschmacksknospen hat der Mensch an der Zunge und am Gaumen?

Durchschnittlich 9 000 Geschmacksknospen; eine Kuh hat 35 000.

Aus wie vielen Zellen besteht der menschliche Körper?

Aus 150 Billionen Zellen

Was bedeutet der Name?

Felix (lateinisch)	Der Glückliche
Leo (lateinisch)	Der Löwe
Helene (lateinisch)	Die Sonnenhafte
Sylvia (lateinisch)	Das Mädchen aus dem Walde
Isabel (hebräisch)	Die Fremde
Georg (griechisch)	Der Bauer
Richard (keltisch)	Der Kühne
Arthur (keltisch)	Der Bär
Barbara (griechisch)	Die Fremde
Simone (hebräisch)	Die Erhörung
Kaspar (persisch)	Der Schatzmeister
Margarethe (persisch)	Die Perle
Stella (lateinisch)	Der Stern
Melanie (griechisch)	Die Schwarze
Paul (lateinisch)	Der Kleine
Karl (deutsch)	Der Mann
Viktor (lateinisch)	Der Sieger
Irene (griechisch)	Der Frieden
August (lateinisch)	Der Ehrwürdige
Beatrice (lateinisch)	Die Glückbringende
Clemens (lateinisch)	Der Gütige
Emil (lateinisch)	Der Eifrige
Thomas (hebräisch)	Der Zwillingsbruder
Patrick (irisch)	Der Altadelige
Susanne (hebräisch)	Die Lilie
Monika (griechisch)	Die Einsiedlerin
Mylena (slawisch)	Die Liebliche
Andreas (lateinisch)	Der Mannhafte
Sibylle (orientalisch)	Die Prophetin
Kasimir (slawisch)	Der Friedensstifter

Weltgeschichtliches
?

1 Einer der bekanntesten Vulkanausbrüche der Geschichte war der des Vesuvs im Jahre 79. Welche Stadt wurde dabei vollkommen zerstört?

*

2 Der Bau der größten Mauer der Welt wurde bereits im 3. Jahrhundert vor unserer Zeitrechnung begonnen. Bauherr war damals ein Kaiser namens Qin Chi Huangdi. Im 14. Jahrhundert gingen dann Hunderttausende von Arbeitern daran, die Mauer, die als das längste Bauwerk der Erde gilt, so auszubauen, wie wir sie heute kennen. Welche Mauer ist gemeint?

*

3 Diese vierkantigen Pfeiler sind meist mehrere Meter hoch. Nach oben hin werden sie schmaler, um schließlich pyramidenförmig zu enden. Wie nennt man diese aus Ägypten stammenden Steine?

Weltgeschichtliches

!

1 Die italienische Stadt Pompeji. Mit ihr fielen auch die Städte Herculaneum und Stabiae dem ausgebrochenen Vulkan zum Opfer. Bis zu sechs Meter hoch wurden die Ortschaften mit Lava und Asche zugeschüttet. Erste Ausgrabungen wurden bereits um das Jahr 1600 vorgenommen. Ein genaueres Bild von der wohlhabenden römischen Stadt, das viel Aufschluß über die Architektur und die Kultur dieser Zeit gab, kam erst nach 1860 zutage.

*

2 Die Rede ist von der Chinesischen Mauer. Sie erstreckt sich von der Provinz Kansu zum Golf von Liaotung und ist – mit Verzweigungen – über 6 250 Kilometer lang. Der große Wall mit den vielen Wachtürmen, der zwischen neun und zwölf Meter hoch ist und einst das Kulturland von der Steppe trennte, war als Festung gegen die herumziehenden Reiternomaden gedacht.

*

3 Ihr Name ist Obelisk. Bekannte Obelisken: die 30 Meter hohe »Nadel von Kleopatra«, die in New York steht, und der 23 Meter hohe Obelisk aus Luxor, der auf der Place de la Concorde in Paris zu finden ist. In ihrem Ursprungsland Ägypten wurden die Obelisken wahrscheinlich zu Ehren des Sonnengottes aufgestellt. Auch nimmt man an, daß die beschriebenen Steine als Zeiger von Sonnenuhren dienten.

4 Bei den Römern wurden Kampfspiele jeder Art großgeschrieben. Wie nannte man die mit Sand bestreuten Kampfplätze in den Amphitheatern?

*

5 Die Stadt Sydney ist heute nicht nur die größte Stadt Australiens, sondern hat auch den wichtigsten Hafen dieses Kontinents. Sie wurde 1788 gegründet. Wer waren die Gründer der Stadt?

*

6 Im griechischen Sagenschatz mangelt es nicht an mutigen Helden und eigenartigen Wesen. Eine dieser Gestalten war nur an einem bestimmten Körperteil verwundbar. Wie hieß dieser Held?

*

7 Anläßlich der Französischen Revolution wurde ein bekanntes Gefängnis mitten in Paris erstürmt. Die Festungsanlage wurde bis auf die Mauern niedergerissen. Wie hieß dieses Gefängnis?

*

8 Wenn man heute in einem Geschäft etwas erstehen will, muß man Geld dafür auf den Ladentisch legen. Aber nicht immer hieß das Prinzip »Ware gegen Geld«. Lange ehe das Geld bekannt war, gab es eine bestimmte Art von Handelsbrauch. Welcher war das?

4 Diese Kampfstätten hießen Arenen. Im Lateinischen bedeutet dieses Wort »Sand«. Heute wird das Wort Arena in diesem Sinne für einen Sportplatz oder für einen Zirkus gebraucht.

*

5 Es waren keine kühnen Seefahrer, sondern englische Strafgefangene. Sie wurden damals vor die Wahl gestellt, ihre Strafe entweder im Gefängnis unter ziemlich schlimmen Bedingungen abzusitzen oder als Siedler in neuen Territorien seßhaft zu werden. Sydney wurde auf diese Weise zur ersten europäischen Siedlung auf australischem Boden.

*

6 Sein Name war Achilles. Der einzige Punkt, an dem Achilles, der Sohn des Peleus und der Thetis, verletzt werden konnte, war seine Ferse. Er wurde dann auch, so heißt es, von einem Pfeil an der Ferse getroffen und starb. Die Bezeichnung Achillesferse wird von dieser mythologischen Gestalt abgeleitet.

*

7 Es handelte sich dabei um die Bastille. Sie wurde gleich zu Beginn der Französischen Revolution, am 14. Juli 1789, erstürmt. Der 14. Juli ist heute der französische Nationalfeiertag.

*

8 Ehe das Geld als Zahlungsmittel benutzt wurde, war der Tauschhandel die einzige bekannte Form von Geschäft. So wurde damals ein Stück Land gegen ein anderes getauscht oder eine Ziege gegen ein Schaf. Auch ohne Geld wurde man sich damals meist sehr schnell beim Geschäftemachen einig.

9 Am rechten Rheinufer bei St. Goarshausen gibt es einen 132 Meter hohen Schieferfelsen, der außerordentlich bekannt ist. Was hat es mit diesem Felsen auf sich?

*

10 Im alten Ägypten standen diese Steinwesen meist an den Eingängen zu den Tempeln. Sie hatten den Kopf eines Menschen und den Körper eines Löwen. Wie heißen diese Figuren?

*

11 Wenn man der Sage Glauben schenken will, dann waren die beiden Zwillingsbrüder. Ihre Namen waren jedenfalls Romulus und Remus. Welche bekannte Stadt sollen die beiden gegründet haben?

9 Es handelt sich dabei um den Loreley-Felsen. Nach einer Sage saß früher die Rheinnixe Loreley auf diesem Felsen, kämmte ihr langes blondes Haar und sang dazu. Die Schiffer auf dem Rhein wurden dadurch so sehr abgelenkt, daß sie mitsamt ihren Schiffen in den gefährlichen Fluten mit den Klippen und Strudeln untergingen. Viele Dichter haben die Loreley beschrieben und besungen.

*

10 Sie heißen Sphinx. Diese Wesen mit dem für unsere Zungen ungewöhnlichen Namen galten bei den alten Ägyptern als Herrschersymbol und auch als Sinnbild des Sonnengottes. Die berühmteste Sphinx der Welt ist die von Giseh. Sie ist 73 Meter lang und 20 Meter hoch und gilt zudem als eine der ältesten auf der Welt. Sphinxe spielten aber nicht nur in Ägypten eine Rolle, sondern kommen auch als Fabelwesen in der griechischen Mythologie vor.

*

11 Romulus und Remus gelten als die Gründer von Rom, der Hauptstadt von Italien. Der Sage nach waren sie Kinder des Gottes Mars und der Königstochter Rea Silvia. Nach ihrer Geburt wurden sie, so heißt es, auf dem Fluß Tiber ausgesetzt, doch eine Wölfin fand sie und ernährte sie. Später kümmerte sich der Hirte Faustulus um die beiden. Im Jahre 753 vor unserer Zeitrechnung gründeten die Zwillinge Rom, und Romulus wurde der erste König der Stadt.

12 Im Mittelalter wütete eine Krankheit in Europa, die Millionen Menschen den Tod brachte. Im Volksmund hieß sie »der Schwarze Tod«. Welche Krankheit ist gemeint?

*

13 Einst gab es unter den Mongolen vereinzelte Stämme, die gefürchtete Kriegerhorden waren. Diese zogen über Rußland sogar nach Europa und Asien und räuberten, was das Zeug hielt. Einer ihrer Führer wurde besonders bekannt. Wie hieß er?

*

14 Wir kennen diese Szenen aus den Filmen: Wenn die Indianer auf dem Kriegspfad waren und es begegnete ihnen ein Feind, dann wurde dieser nicht nur getötet, sondern die Indianer nahmen ihm auch seinen Skalp. Was ist das?

12 Die Pest. Der Name der Krankheit wurde aus dem lateinischen pestis (= Seuche) abgeleitet. Bekannt war die Haut-, Beulen-, Lungen- und Blutpest. In der Antike wütete die Infektionskrankheit, die durch Rattenflöhe übertragen wird, in Ägypten und Syrien. Von dort aus gelangte sie über Konstantinopel nach Europa, wo sie Millionen Menschen das Leben kostete. Heute ist die Pestgefahr in Europa gebannt; in Asien und Afrika hingegen treten verschiedene Formen noch vereinzelt auf.

*

13 Er wurde bekannt als Dschingis-Khan. In Wirklichkeit aber hieß er Temudschin. Um das Jahr 1200 gelang es Dschingis-Khan (1155-1227), die mongolischen Stämme zu vereinen und ein riesiges Reich zu gründen. Die Reiterhorden zogen durch die ganze Welt. Dabei eroberten sie sogar China. Nach dem Tod ihres Anführers brach dieses Weltreich, das damals vom Pazifik bis ans Schwarze Meer reichte, allerdings zusammen.

*

14 Unter der Bezeichnung Skalp versteht man die abgezogene Kopfhaut. Für die Indianer war der Skalp des getöteten Gegners eine Art Siegertrophäe, ein Beweis für den eigenen Mut. Interessanterweise ist das Skalpieren nicht indianischer Herkunft; die amerikanischen Ureinwohner hatten diese Methode von den Weißen übernommen.

15 Im alten Ägypten lebte einst eine Königin, deren Name auch heute noch oft genannt wird. Auch ist sie auf vielen Kunstwerken abgebildet oder dargestellt. Wie hieß sie?

*

16 Gleich sieben Bau- und Kunstwerke galten in der Antike als Weltwunder. Um welche bedeutenden Werke handelte es sich?

*

17 Wenn jemand eine Schrift hat, die andere nur schwerlich entziffern können, so sagt man, das seien »richtige Hieroglyphen«. Was verbirgt sich hinter diesem Wort?

15 Ihr Name war Kleopatra. Keine andere ägyptische Königin hat bei der Nachwelt so viel Aufsehen erregt wie diese im Jahre 69 vor unserer Zeitrechnung in Alexandria geborene Frau. Die intelligente und schöne Königin stand in naher Beziehung zu Gaius Julius Caesar. Nach Caesars Tod entzog sie sich im Alter von 39 Jahren der Gefangenschaft durch Octavian, indem sie sich in ihrem Mausoleum von einer Giftschlange beißen ließ.

*

16 Zu den sieben Weltwundern wurden folgende Bauwerke gezählt: die Pyramiden von Giseh, die Hängenden Gärten der Königin Semiramis von Babylon, der Artemistempel in Ephesus, die Zeusstatue des Phidias in Olympia, das Grabmal des Königs Mausolos in Halikarnassos, der Leuchtturm auf der Insel Pharos vor Alexandria und der Koloß von Rhodos. Als Weltwunder bezeichnete man sie wegen ihrer Größe, wegen ihres außerordentlichen Baustils und wegen ihrer Kostbarkeit.

*

17 Hieroglyphen sind eigentlich Schriftzeichen aus dem alten Ägypten. Ursprünglich war es ausschließlich eine Bilderschrift, später kamen Buchstaben hinzu. Hieroglyphen wurden in Stein gemeißelt oder auch auf Papyrus geschrieben. Die Entzifferung dieser Schrift gelang erst im Jahre 1822.

Nützlicher Erfindergeist
?

1 Der amerikanische Drogist John Pemberton hat 1886 eine Erfindung gemacht, die eigentlich ein Mittel gegen Kopfschmerzen und Migräne sein sollte. Es wurde aber zu einem Getränk, das heute überall auf der Welt getrunken wird. Von welcher braunen Limonade ist hier die Rede?

*

2 Wenn keine Briefmarke auf dem Brief klebt, verlangt die Post vom Empfänger ein erhöhtes Beförderungsentgelt, das sogenannte Nachporto. Seit wann werden eigentlich Briefmarken auf Postsachen geklebt?

*

3 Eine der besten Erfindungen aller Zeiten hat der amerikanische Wissenschaftler Alexander Graham Bell schon im Jahre 1876 gemacht. Sein Gerät ermöglichte es erstmals, daß zwei Menschen sich miteinander unterhalten konnten, ohne daß sie beieinander waren. Um welche Erfindung handelte es sich?

Nützlicher Erfindergeist!

1 Von Coca-Cola. Fünf Jahre nach seiner Erfindung verkaufte Mister Pemberton die Rezeptur für 2 300 Dollar an Asa Chandler. Der Käufer gründete die Firma Coca-Cola, die er ein Vierteljahrhundert später für 25 Millionen Dollar weiterverkaufte.

*

2 Begonnen wurde damit am 6. Mai 1840 in England. Als Erfinder der ersten Briefmarke gilt der englische Buchhändler James Chalmers. Von dort aus gelangte der Brauch, mit einem aufklebbaren Wertzeichen die Gebühr für die Postbeförderung zu zahlen, über die Schweiz nach Bayern und Preußen. Im Jahre 1849 kam die erste Briefmarke in Deutschland bei der bayrischen Postverwaltung heraus.

*

3 Um das Telefon. Alexander Graham Bell, der eigentlich aus Schottland stammte und von 1847 bis 1922 lebte, hatte das erste Telefon erfunden, mit dem Sprache verständlich und zusammenhängend übertragen werden konnte. Neben dem Erfinden von Dingen – so entwickelte er auch ein Unterwassermikrophon, mit dem U-Boote geortet werden können – widmete sich der Wissenschaftler auch der Ausbildung von tauben Kindern. Bereits sein Vater hatte eine Sprache für Taubstumme entwickelt.

4 Dieses Spiel besteht aus 28 schwarzen Legesteinen, die je zwei Felder mit einer bestimmten Punktzahl aufweisen. Die Felder mit dem gleichen Punktwert werden aneinandergelegt. Wer zuerst keine Steine mehr zum Ablegen hat, hat gewonnen. Wie heißt das Spiel?

*

5 Eine Einrichtung, die jeder von uns mindestens einmal am Tag benutzt, hat der Engländer Sir John Harrington bereits im Jahre 1595 erfunden. Obschon der Name des Erfinders nur wenigen Leuten bekannt ist, so ist seine mittlerweile perfektionierte Erfindung doch so wichtig, daß heute keiner bei uns ohne sie auskommen kann. Worum mag es sich dabei handeln?

*

6 Wenn dieser Mann nicht den Fahrradreifen erfunden hätte, würden wir heute noch immer mit Vollgummireifen an unseren Drahteseln durch die Gegend rollen. Wem haben wir diese luftgefüllte Erfindung zu verdanken?

*

7 Es gibt Bürsten zur Haarpflege, es gibt Bürsten, um Kleider zu pflegen, aber es gibt auch Bürsten, deren Benutzen der Gesundheit förderlich ist. Gemeint sind die Zahnbürsten. Wer erfand sie?

4 Domino. Um 1795 soll das Legespiel für zwei bis vier Personen nach Frankreich und nach England gelangt sein. Man nimmt allerdings an, daß es viel älter ist. Denn bei archäologischen Ausgrabungen im Irak wurden dominoähnliche Steine gefunden, die ungefähr aus dem Jahre 2450 vor unserer Zeitrechnung stammen.

*

5 Um die Wasserspülung zur Reinigung der Toilette. Der Dichter John Harrington gilt als ihr Erfinder, doch es war sein Landsmann Alexander Cunnings, der sie perfektionierte und im Jahre 1775 patentieren ließ. Trotz der frühzeitigen Entwicklung dauerte es lange, bis sich die Erfindung durchsetzen konnte.

*

6 Der Erfinder unseres Fahrradreifens war John Dunlop (1840-1921). Der schottische Tierarzt, der in seiner Freizeit Erfindungen machte, entwickelte den mit Luft gefüllten Reifen im Jahre 1888. Vorher hatte es schon eine ähnliche Erfindung gegeben, doch John Dunlop perfektionierte sie auf seine Weise. Im Jahre 1898 gründete der Erfinder eine später weltbekannt gewordene Fabrik zur Herstellung von Reifen jeder Art.

*

7 Die Chinesen gelten als die Erfinder der Zahnbürste. Bereits im 15. Jahrhundert soll es solche Bürsten zur Zahnpflege im alten China gegeben haben. Zu uns nach Europa dürften diese etwa 200 Jahre später gekommen sein. Vorher benutzten die Menschen dazu längliche Holzstäbchen oder kauten bestimmte Naturstoffe.

8 Heute ist es für uns eine Selbstverständlichkeit, daß wir vor dem Fernsehgerät und im Kino nicht nur Bilder sehen, sondern auch Ton hören. Doch in den Anfängen der Kinematographie sah das ganz anders aus. Wie nannte man die Filme, in denen kein Ton zu hören war?

*

9 Es läge so manches wirklich im Dunkeln, hätte dieser Mann nicht das birnenförmige Glas erfunden, von dessen Innerem Licht ausgeht. Wer war der Erfinder jener »glühenden Birne«?

*

10 Es gibt kaum jemanden, der nicht schon einmal die Erfindung von Laszlo Biro in der Hand hatte. Das nützliche Instrument dieses Erfinders ist heute unentbehrlich. Was hat er erfunden?

8 Stummfilme. Die Zuschauer konnten sich zwar die ersten laufenden Bilder bereits ab 1890 ansehen, doch bis auch Ton hinzukam, dauerte es bis weit in dieses Jahrhundert hinein. Erste ernsthafte Versuche wurden bereits 1899 und auch 1902 gemacht. Der erste richtige Tonfilm, der als solcher betrachtet werden kann, kam 1927 heraus. Es handelte sich dabei um den amerikanischen Film »The Jazz Singer«.

*

9 Der Erfinder der Glühbirne hat auch 2 000 andere elektrische Geräte und Verfahren erfunden oder entwickelt: Thomas Alva Edison (1847-1931). Der amerikanische Forscher richtete zudem das erste Elektrizitätswerk ein. Es war damals in der Lage, rund 5 000 Straßenlampen mit Strom zu versorgen.

*

10 Laszlo Biro ist der Erfinder des Kugelschreibers. Der ungarische Journalist entwickelte ihn schon im Jahre 1940. Drei Jahre später meldete er in Argentinien, wohin er vor den Nazis geflohen war, das Patent auf seine Erfindung an. 1945 wurden die ersten Kugelschreiber in Argentinien verkauft. Ab 1948 vermarktete die Firma Parker, der Herr Biro seine Erfindung verkauft hatte, das praktischen Schreibutensil.

11 Kaugummi gibt es in den unterschiedlichsten Geschmacksrichtungen und Formen. Seit der Jahrhundertwende kennt man ihn in Amerika, doch er ist bereits viel älter. Wer hat ihn erfunden?

*

12 Sehr vielseitig war ein Herr namens Benjamin Franklin. Er lebte von 1706 bis 1790 in Amerika, war Verleger, Schriftsteller, Politiker und machte naturwissenschaftliche Experimente. Wodurch wurde der Amerikaner weltbekannt?

*

13 Es gibt viele Arten von Schokolade, und die meisten schmecken ganz lecker. Seit wann gibt es Schokolade?

11 Wer den Kaugummi erfunden hat, ist nicht genau überliefert. Man weiß allerdings, daß die Indianer, die Ureinwohner Amerikas, bereits kaugummiähnliche Produkte kannten. Bekannt wurde der Kaugummi durch William Wrigley junior. Nachdem er seine Stelle als Vertreter für Seife im väterlichen Betrieb gekündigt hatte, machte er 1890 eine eigene Kaugummiproduktion auf. Noch heute zählt diese Firma zu den größten Kaugummiproduzenten der Welt.

*

12 Benjamin Franklin gilt als der Erfinder des Blitzableiters. Er war zeitlebens fasziniert von der Naturwissenschaft und sehr experimentierfreudig. Besonders das Gebiet der Elektrizität interessierte ihn dabei. 1752 wies er über Versuche mit Drachen die elektrische Natur der Blitze nach. In Anlehnung an dieses Wissen konstruierte er kurz darauf seinen Blitzableiter, eine Schutzvorrichtung gegen Blitzschlag in Gebäuden, die heute in modernisierter Form Verwendung findet.

*

13 Schokolade, wie wir sie heute kennen, gibt es erst seit 1880. Der Schweizer Schokoladenfabrikant Rodolphe Lindt war es, der die heute bekannte Schmelzschokolade erfand. Dazu bedurfte es einer Maschine, in der die dickliche Schokoladenpaste geknetet wurde. Doch bereits im 17. Jahrhundert gab es Schokolade in Europa. Dabei handelte es sich allerdings um bitter schmeckende und sehr harte Tafeln.

14 Auch blinde Menschen können Bücher und Zeitungen lesen. Daß sie das können, hat man einem Herrn namens Louis Braille zu verdanken. Welche Verdienste hat dieser Herr erworben?

*

15 Es gibt auf der ganzen Welt kein Kleidungsstück, das sich seit so vielen Jahren so enormer Beliebtheit erfreut wie die Jeanshose. Wer ist der Erfinder dieses Beinkleides, das niemals unmodern wird?

*

16 Hätte nicht irgendein begabter Tüftler und Denker im richtigen Augenblick den richtigen Geistesblitz gehabt, so würde es dieses Buch nicht geben. Denn nur durch die Entwicklung des Papiers wurde auch das Büchermachen möglich. Wer hat das Papier »erfunden«?

*

17 Es macht Spaß, mit dem Fahrrad durch die Landschaft zu rollen. Heutige Fahrräder sind bequem, sie haben eine Gangschaltung und gute Bremsen. Das war nicht immer so. Wie hieß der Erfinder des »Drahtesels«?

14 Louis Braille (1809-1852), der selbst im Alter von drei Jahren erblindete, entwickelte im Jahre 1929 eine Schrift, mit Hilfe derer auch Blinde lesen können. Man bezeichnete sie nach ihrem Erfinder als Brailleschrift. Die mit den Fingern abzutastende Schrift gehört heute zu den international gebräuchlichen Blindenschriften.

*

15 Als Erfinder der Jeans gilt der aus Deutschland nach Amerika ausgewanderte Oscar Levi-Strauss. Er war es, der um das Jahr 1850 die damals schier unverwüstlichen Arbeitshosen aus Zeltplane für Goldgräber und später auch für Cowboys herstellte.

*

16 Die Chinesen gelten als die Erfinder des Papiers. Es soll der chinesische Staatsmann Tsai Lun gewesen sein, der im Jahr 105 n. Chr. eine Methode gefunden hat, um Papier aus der Rinde des Maulbeerbaumes herzustellen. Um das Jahr 750 ist es über Arabien nach Europa gekommen, wo es sich rasch verbreitete.

*

17 Entwickelt wurde das Fahrrad eigentlich aus einem Gerät mit dem Namen Draisine, das der deutsche Karl Friedrich Drais 1817 erfunden hatte. Dabei handelte es sich um ein Holzgestell mit zwei Rädern, auf dem sich der Fahrer durch Abstoßen mit den Füßen vorwärtsbewegte.

Berühmtheiten

?

1 Im Jahre 1986 starb in Innsbruck ein Mann, um den viele Menschen trauerten. Besonders »seine« vielen Kinder waren sehr traurig darüber, daß ihr Vater nicht mehr da war. Wie hieß der Mann, der Tausenden von Kindern in aller Welt ein neues Zuhause gegeben hatte?

*

2 Im Alter von 30 Jahren besuchte der evangelische Pfarrer und Theologieprofessor noch einmal die Schule und begann ein Medizinstudium. Danach ging er als Missionsarzt nach Westafrika, wo er 1913 am Fluß Ogooué in Gabun das später weltbekannt gewordene Tropenhospital Lambarene gründete. Wie hieß dieser Mann?

*

3 Im Jahre 1979 wurde der Friedensnobelpreis an eine indische Ordensfrau vergeben. Diese Schwester vom Orden der Missionarinnen der Nächstenliebe setzt sich seit 1948 unermüdlich für die Ärmsten der Armen in den Elendsvierteln von Kalkutta ein. Wie ist ihr Name?

Berühmtheiten

!

1 Es war Hermann Gmeiner (1919-1986). Der österreichische Menschenfreund war der Gründer der SOS-Kinderdörfer. In diesen Kinderdörfern finden elternlose oder verlassene Kinder ein neues Zuhause. 1949 wurde das erste Kinderdorf in Imst in Tirol gebaut; heute gibt es mehr als 225 solcher Einrichtungen in 85 Ländern der Welt.

*

2 Es war Doktor Albert Schweitzer (1875-1965). Für den Mann mit dem prächtigen grauweißen Schnurrbart war seine Forderung nach »Ehrfurcht vor dem Leben« kein leeres Wort, sondern durch seinen lebenslangen Dienst an kranken Menschen und durch aktive Nächstenliebe erfüllte er seine eigene Forderung jeden Tag aufs neue. Sein Krankenhaus mit Leprastation finanzierte er durch Orgelkonzerte und Vorträge in aller Welt. 1952 erhielt er den Friedensnobelpreis.

*

3 Ihr Name ist Mutter Teresa. Mit richtigem Namen heißt die 1910 in Skopje geborene Ordensfrau Agnes Gonxha Bojaxhiu. Gemeinsam mit ihren Schwestern kümmert sie sich um die Hungernden, die Kranken und Sterbenden. Auf ihre Initiative hin entstanden in Kalkutta weitere medizinische und soziale Hilfseinrichtungen, in denen vielen Menschen, die sonst keine Unterstützung fänden, geholfen wird.

4 Dieser Mann, der die Weltgeschichte mitschrieb, hatte selbst nicht viel mehr Besitz als ein schlichtes Bauerngewand, ein Paar Holzsandalen, eine alte Taschenuhr und ein Gebetbuch. Er lebte in sehr einfachen Verhältnissen und wurde von Hunderttausenden von Menschen wegen seines bescheidenen Wesens und wegen seiner Taten verehrt. Wie war sein Name?

*

5 Fast alle Berufe haben ihren eigenen Schutzpatron. Auch Schüler, Autofahrer und selbst Bergsteiger verfügen über einen ihnen zugeteilten Beschützer aus dem Kreis der vielen Heiligen. Doch nicht nur für Menschen, auch für Tiere gibt es einen Schutzpatron. Wer ist für den Schutz der Tiere zuständig?

*

6 Im Jahre 1859 wurde die wohl wichtigste internationale Hilfsorganisation der Welt gegründet: das Internationale Rote Kreuz (IRK). Wer ging als ihr Gründer in die Geschichte ein?

4 Es war Mohandas Karamchand Gandhi (1869-1948). Bekannt wurde er als »Mahatma« (indisch »große Seele«) Gandhi. Der kleine Mann mit dem großen Herzen, der in Besitzlosigkeit lebte, wehrte sich gegen die Unterdrückung der Inder durch die Kolonialmacht Großbritannien. Er war für Gewaltlosigkeit, passiven Widerstand und zivilen Ungehorsam. Sein Traum war ein unabhängiges Indien. Er setzte sich für die Überbrückung der Kluften zwischen den jeweiligen Kasten, aber auch zwischen den Hindus und den Moslems ein. 1948 fiel er in Delhi einem Mordanschlag zum Opfer.

*

5 Der Schutzpatron der Tiere ist der heilige Franziskus von Assisi. Der Gründer des Franziskanerordens stellte sich zeitlebens schützend vor Mensch und Tier und nannte letztere seine Brüder. Der 4. Oktober ist Welttierschutztag; dies ist der Todestag des heiligen Franz.

*

6 Das IRK wurde vom Schweizer Philanthropen Henri Dunant (1829-1910) gegründet. Als Beobachter der Schlacht von Solferino (1859) sah er, wie zahllose Verwundete auf dem Schlachtfeld liegenblieben, ohne daß ihnen jemand zu Hilfe kam. Entsetzt über die Grauen des Krieges engagierte er sich für die Schaffung einer Hilfsorganisation für Kriegsopfer. Aufgrund dieses Engagements trat eine internationale Konferenz zusammen, auf der 1864 die sogenannte Genfer Konvention angenommen wurde. 1901 wurde Henri Dunant mit einem Preis ausgezeichnet, den er wirklich verdient hatte: dem Friedensnobelpreis.

7 Der schottische Arzt und Bakteriologe Alexander Fleming gilt als Erfinder eines wichtigen Medikamentes, mit dem zahlreiche bis dahin unheilbare Krankheiten wirksam bekämpft werden konnten. Um welches Medikament handelte es sich dabei?

*

8 Weil sich niemand so richtig um die jungen Leute kümmerte, die mit Rucksack und Fahrrad und vor allem mit schmalem Geldbeutel in der Urlaubszeit unterwegs waren, beschloß ein Herr namens Schirrmann, eine Einrichtung zur Beherbergung dieser jungen Touristen zu gründen. Was gründete er?

*

9 Der 320,75 Meter hohe Turm gilt als Wahrzeichen der französischen Hauptstadt. Seit seiner Einweihung im Jahre 1889 steigen jährlich 5,7 Millionen Besucher auf diesen Turm, der nach seinem Erbauer benannt wurde. Wie hieß dieser Mann?

7 Um das Antibiotikum Penicillin. 1928 analysierte Alexander Fleming (1881-1955) die bakterienbekämpfende Wirkung des Schimmelpilzes Penicillin notatum. Aus den Extrakten dieses Pilzes und basierend auf den Forschungen von Doktor Fleming schufen die beiden Forscher Howard Walter Florey und Ernst Boris Chain das Penicillin. Die beiden erhielten gemeinsam mit Alexander Fleming im Jahre 1945 den Nobelpreis für Medizin.

*

8 Richard Schirrmann (1874-1961) gründete 1909 die erste allgemeine Jugendherberge. Ein Vierteljahrhundert später gab es allein in Deutschland bereits über 2 500 Übernachtungsmöglichkeiten. Die erste Jugendherberge wurde auf Burg Altena in Westfalen eröffnet. Sie empfängt auch heute noch Gäste aus aller Welt.

*

9 Der Konstrukteur des Eiffelturms war der französische Ingenieur Gustave Eiffel (1832-1923). Insgesamt 12 000 Teile, die durch mehr als 2,5 Millionen Nieten zusammengehalten werden, wurden verbaut. Nach zweijähriger Bauzeit wurde der Turm, an dem 7 900 Tonnen Eisen verwendet wurden, eingeweiht. Heute führen sieben Aufzüge auf die drei Plattformen des vierbeinigen Turmes, von dem man eine hervorragende Sicht auf Paris hat.

10 Das mindeste, was man von diesem italienischen Künstler und Wissenschaftler sagen kann, ist, daß er vielseitig war. So hinterließ der in Vinci bei Florenz Geborene einige Gemälde, die heute zu den bedeutendsten Werken der Malerei gehören. Er entwarf die Kuppel für den Mailänder Dom und erfand so ganz nebenbei eine ganze Menge Geräte und Maschinen. Wer ist gemeint?

*

11 Diese beiden Brüder waren zwei richtige Märchenonkel. Wie heißen die beiden bekannten deutschen Märchensammler?

*

12 Der bekannte Krimispezialist und Filmregisseur hieß mit Vornamen Alfred und wurde 1899 in London geboren. Mit all seinen Filmen verstand es der rundliche Mann mit der Glatze, die Zuschauer so richtig zu fesseln und immer die nötige Spannung aufkommen zu lassen. Wie war sein voller Name?

*

13 In Erinnerung an seine Frau ließ Maharadscha Schahdschahan ein Grabmal errichten, das heute zu den prächtigsten und schönsten Bauwerken der Welt zählt. Wie heißt es?

10 Die Rede ist von Leonardo da Vinci (1452-1519). Das Universalgenie war Maler, Bildhauer, Architekt, Wissenschaftler und Erfinder in einer Person. Neben seinen zahlreichen künstlerischen Arbeiten befaßte er sich mit dem Fliegen und entwickelte Pläne zum Bau von Flugzeugen, Fallschirmen und Unterseebooten.

*

11 Es handelte sich bei ihnen um die Gebrüder Jakob (1785-1863) und Wilhelm Grimm (1786-1859). Die beiden Universitätsprofessoren aus Göttingen sammelten Kindermärchen, Hausmärchen, Sagen und Legenden aller Art. Die von den Brüdern zusammengetragenen Geschichten erfreuen sich auch noch heute großer Beliebtheit.

*

12 Alfred Hitchcock. Er war Regisseur einer stattlichen Zahl wichtiger Filme mit bekannten Schauspielern. Seinen ersten Film drehte er bereits 1922; sein letzter entstand 1975. Alfred Hitchcock starb am 24. April 1980 in Los Angeles.

*

13 Es handelt sich dabei um das Tadsch Mahal im indischen Agra. Der Maharadscha ließ das alabasterne Mausoleum mit den zwei Moscheen und der prachtvollen Gartenanlage nach dem Tod seiner Lieblingsfrau Mumtaz errichten. 15 Jahre waren mehr als 20 000 Arbeiter mit dem Bau dieses wohl kostspieligsten Grabmals aller Zeiten beschäftigt.

14 Ludwig van Beethoven war Komponist, Johann Wolfgang von Goethe Dichter, und doch hatten diese beiden Größen der Musik und Dichtung eine wichtige Gemeinsamkeit. Welche war das?

*

15 Im Jahre 1947 überquerte der norwegische Naturforscher Thor Heyerdahl mit einer sechsköpfigen Mannschaft auf einem Floß den Pazifischen Ozean. Welchen Namen hatten sie dem Floß, das durch diese Aktion Weltberühmtheit erlangte, gegeben?

*

16 Viele der Figuren, die der Amerikaner schuf, erfreuen sich auch heute noch großer Beliebtheit bei groß und klein. Die bekannteste in der umfangreichen Familie dieser Comicfiguren ist eine Maus mit Namen Micky. Wer hat sie erfunden?

*

17 Christoph Kolumbus gilt als jener Mann, der Amerika entdeckt haben soll. Doch der neue Kontinent wurde nicht nach ihm, sondern nach einem anderen Seefahrer benannt. Wem wurde diese Ehre zuteil?

14 Beide Künstler waren Linkshänder. Weitere berühmte Männer, die bevorzugt mit der linken Hand agierten, waren Alexander der Große, Julius Caesar, Michelangelo, Leonardo da Vinci sowie – aus der Neuzeit – Charlie Chaplin und auch Paul McCartney. Schätzungsweise sechs bis acht Prozent der Bevölkerung sind Linkshänder, wobei Linkshändigkeit öfter bei Männern als bei Frauen auftritt.

*

15 Das Floß hieß Kon-Tiki. Die Expedition, die 101 Tage dauerte, startete in Peru und endete in Tahiti. Auf diese Weise sollte bewiesen werden, daß die polynesische Bevölkerung aus Südamerika gekommen sei.

*

16 Erfinder von Mickey Mouse, wie sie im Original heißt, war ein Herr namens Ub Ibwerks. Doch der amerikanische Comicautor und Trickfilmzeichner Walter »Walt« Disney (1901-1966) war es, der die Maus im Jahre 1928 in großem Maße bekanntmachte. Nach Micky folgten auch Goofy, Donald und Dagobert Duck und viele weitere, so daß die Comicfiguren-Familie von Walt Disney, der auch zahlreiche Oscars für seine Filme erhielt, stattliche Ausmaße annahm.

*

17 Amerika wurde nach dem italienischen Seefahrer Amerigo Vespucci (1451-1512) benannt. Dieser hatte im spanischen und portugiesischen Dienste Entdeckungsreisen in mittel- und südamerikanische Küstengebiete unternommen und etliche Entdeckungen gemacht. Urheber der Bezeichnung, die sich am Vornamen des Seefahrers orientiert, war der deutsche Kartograph Martin Waldseemüller.

18 Starke Nerven mußte ein Herr namens Louis Blériot haben, als er am 23.7.1909 in sein Flugzeug stieg und nach 27,2 Minuten wieder landete. Was hatte der französische Ingenieur und Flugzeugpionier mit seiner kurzen Fahrt vollbracht?

*

19 Für die Italiener ist dieser Operntenor auch noch heute der Inbegriff für Sangeskunst. Der in Neapel geborene Sänger war zu seiner Zeit auch der berühmteste Tenor der Welt. Wer ist gemeint?

*

20 Im Louvre in Paris gibt es Tausende von Gemälden zu bewundern. Eines aber zieht die Besucher ganz besonders an. Es handelt sich dabei um das Bildnis einer Frau, die ihre Betrachter auf ganz besondere Weise anlächelt. Wie ist der Name dieses weltbekannten Gemäldes?

*

21 Um eine Expedition zum Südpol zu starten, gehört nicht nur eine gute Ausrüstung, sondern auch eine ganze Menge Mut. Auch heute noch ist eine solche Expedition alles andere als ein Spaziergang im Schnee. Wer schaffte es als erster, den Südpol zu erreichen?

18 Louis Blériot (1872-1936) ging durch seinen Flug von Dover nach Calais als jener Mann in die Geschichte ein, der als erster mit dem Flugzeug den Ärmelkanal überquert hat. Das von ihm konstruierte Flugzeug wurde dabei von einem 25-PS-Motor angetrieben.

*

19 Enrico Caruso (1873-1921). Im Jahre 1903 trat der Neapolitaner erstmals an der Metropolitan Opera in New York auf. Caruso feierte überall Triumphe und wurde zum bekanntesten Opernsänger der Welt. Doch der Tenor war auch ein Plattenstar. Im Laufe seiner Karriere nahm er nicht weniger als 250 Schallplatten auf. Er war der erste Künstler, der eine Million Schallplatten verkaufte.

*

20 Das Bild ist bekannt als »Mona Lisa«. Richtig heißt das im Jahre 1503 fertiggestellte Werk von Leonardo da Vinci allerdings »La Gioconda«. Die Dame, die hinter Panzerglas lächelt, war die dritte Gattin des Florentiners Pierro Francesco del Giocondo. Daher stammt auch ihr Name.

*

21 Der erste Mensch, der den Südpol betrat, war der norwegische Polarforscher Roald Amundsen (1872-1928). Er erreichte ihn am 15. Dezember 1911. Die Strecke dorthin hatte er auf Skiern und mit einem Hundeschlitten zurückgelegt. Auf dem Rückweg entdeckte er die bis zu 4 000 Meter hohe Königin-Maud-Gebirgskette. 1928 beteiligte er sich an der Suche nach einem verschollenen italienischen Forscher. Dabei stürzte sein Wasserflugzeug ab. Seitdem gilt er als verschollen.

*

Rund um die Welt

?

1 An der deutsch-österreichischen Grenze befindet sich der höchste Berg Deutschlands. Seine höchste Stelle mißt 2963 Meter. Wie heißt der Berg?

*

2 Jedes Land hat Bauten und Einrichtungen, die typisch für dieses Land sind. Welche kommen einem in den Sinn, wenn man an die Niederlande denkt?

*

3 Ein ganz besonderer Kanal, der als eine der wichtigsten Weltschiffahrtsstraßen gilt, trennt Belgien und Frankreich von England. Wie heißt er?

*

4 Mitten in Paris gibt es eine Insel. Die Franzosen nennen sie »Ile de la Cité«, was in der Übersetzung »Insel der Stadt« heißt. Von welchem Fluß ist diese Insel mitten in der Stadt umgeben?

Rund um die Welt !

1 Der höchste Berg in Deutschland heißt Zugspitze. Er befindet sich südwestlich von Garmisch-Partenkirchen in den bayrischen Alpen. Ganz oben auf dem Gipfel steht eine Wetterstation. Eine Zahnradbahn und eine Seilbahn führen auf den Berg hinauf.

*

2 Bei den Niederlanden denkt man automatisch an Windmühlen. Auch heute noch kann man dort viele Windmühlen sehen, aber nur die wenigsten sind noch in Betrieb. Früher gab es viele dieser vom Wind angetriebenen Mühlen in Norddeutschland. Auch in verschiedenen südeuropäischen Ländern waren sie anzutreffen.

*

3 Es handelt sich um den Ärmelkanal. Von den meisten Leuten wird er schlicht als »der Kanal« bezeichnet. Er verbindet die Nordsee mit dem Atlantik. Die engste Stelle befindet sich zwischen Dover und Calais; dort ist er nur knapp 32 Kilometer breit. Täglich verkehren zahlreiche Fähren vom Kontinent nach England.

*

4 Von der Seine. Der mit 776 Kilometern Länge größte Fluß Nordfrankreichs tritt in der Nähe des Bois de Vincennes in Paris ein und fließt quer durch die Stadt. 33 Brücken überqueren den Fluß.

5 Die Flagge des Roten Kreuzes wird dargestellt durch ein rotes Kreuz auf weißem Hintergrund. Wäre das Kreuz weiß und der Hintergrund rot, so ergäbe diese Zusammenstellung die Flagge eines europäischen Landes. Welches ist gemeint?

*

6 Zwischen dem Eriesee und dem Ontariosee bietet die Natur ein großartiges Schauspiel. Um welche Sehenswürdigkeit handelt es sich?

*

7 In Sibirien befindet sich das größte Nadelwaldgebiet der Welt. Es ist auch heute noch teilweise versumpft und nur schwer durchdringbar. Wie heißt dieses Waldgebiet?

*

8 Wer im Himalaja hoch hinauswill, muß gut in Form sein. Auch in Europa muß man zum Bergsteigen eine gute Kondition haben. Der höchste Berg hat bei uns immerhin eine Höhe von 4 807 Meter. Um welchen Berg handelt es sich?

5 Die Schweiz, oder wie es offiziell heißt: die Schweizerische Eidgenossenschaft. Die heutige Form der Flagge wurde durch einen Erlaß der Bundesversammlung aus dem Jahre 1899 festgehalten. Ihren Ursprung hat sie in der roten Flagge der Bergbewohner aus dem Kanton Schwyz, für die sie ein Zeichen ihrer Freiheit war.

*

6 Um die Niagarafälle. Diese spektakulären Wasserfälle sind nur 60 Meter hoch. Ihre Breite beträgt jedoch 300 Meter auf der amerikanischen Seite und 900 Meter auf der kanadischen. Die Indianer hatten für die laut rauschenden Wasserfälle auch den richtigen Namen. Sie nannten sie »donnerndes Wasser«.

*

7 Wir benennen es mit dem aus dem Russischen stammenden Ausdruck Taiga. Das Gebiet ist zirka 950 Kilometer breit und reicht vom Nordwesten Rußlands bis zum Stillen Ozean. Es ist das größte zusammenhängende Waldgebiet der Welt. Vor allem Fichten, Lärchen und Tannen sind dort zu finden.

*

8 Um den Montblanc. Dieses Gebirgsmassiv, das im Grenzgebiet zwischen Frankreich, der Schweiz und Italien liegt, ist nicht nur das höchste der Alpen, sondern auch das höchste in ganz Europa. Der eigentliche Montblanc, der auf französischem Gebiet liegt, ist 4 807 Meter hoch und wurde erstmals im Jahre 1786 durch J. Balmat bestiegen.

9 In seiner eigenen Sprache heißt das Land im Norden Europas Suomi. Es trägt den Beinamen »Land der 1 000 Seen«. Unter welchem Namen kennen wir es?

*

10 Die größte Kirche der Welt steht interessanterweise im kleinsten Staat der Welt. Sie gilt auch zudem als einer der prächtigsten Kirchenbauten auf der Erde. Wo ist sie zu finden?

*

11 Es gibt in Europa ein Land, das wie kein anderes mit der Tulpenzucht verbunden wird. Tatsächlich existieren dort auch riesige, teilweise für das Publikum geöffnete Anlagen, in denen diese Liliengewächse gezüchtet werden. Welches Land ist es?

*

12 Für viele Menschen ist die Insel Ibiza ein beliebtes Urlaubsziel. Zu welchem Land gehört diese Insel im Mittelmeer?

9 Die Rede ist von Finnland. Die Bezeichnung »Land der 1 000 Seen« verdient das 337 009 Quadratkilometer große Land wirklich. Denn es gibt dort nicht weniger als 55 000 einzelne Seen. Zusammengefaßt würden sie eine Gesamtfläche von 31 557 Quadratkilometern einnehmen.

*

10 Im Vatikanstaat. Es handelt sich dabei um den Petersdom. An der Stelle auf dem Petersplatz, wo einst eine altchristliche Basilika stand, wurde er in den Jahren 1506 bis 1626 errichtet. Die Kirche nimmt eine Fläche von 15 160 Quadratmetern ein. Sie ist 211 Meter lang und 133 Meter hoch, 80 000 Personen können hier Platz finden. Die Kuppel mit 42 Meter Durchmesser wurde von Michelangelo entworfen, aber auch viele andere berühmte Künstler haben an diesem gigantischen Kirchenbau mitgewirkt.

*

11 Es sind die Niederlande. Bereits im Jahr 1570 wurden dort mit Tulpenzwiebeln die ersten Zuchtversuche gemacht. Heute gelten die Niederlande als das Weltzentrum der Tulpenzucht. Die Tulpe, von der es unzählige Zuchtformen gibt, stammt wahrscheinlich aus dem ehemaligen Persien und heutigen Iran.

*

12 Ibiza gehört zu Spanien. Es ist die Hauptinsel der Pityusen, jener westlichen Inselgruppe der spanischen Balearen. Die Insel, die sich südöstlich von Valencia befindet, zählt etwa 45 000 Einwohner. In den Sommermonaten wird diese Zahl um ein Vielfaches durch die Urlaubsgäste vermehrt.

13 Es gibt einen See, der auch als Meer bezeichnet wird. Er liegt zwischen Rußland, Kasachstan, Aserbaidschan, Turkmenistan und dem Iran und ist der größte See der Welt. Wie heißt er?

*

14 In der Hauptstadt dieses Landes leben 5 000 Menschen. 325 Kilometer Straßenwege und dazu noch einmal 18,5 Kilometer Schienenwege führen durch das Land, das zwischen der Schweiz und Österreich liegt. Wie heißt es?

*

15 Täglich steigen über vier Millionen Menschen in einen der Waggons der Pariser Untergrundbahn. Wie heißt sie?

*

16 Im afrikanischen Tansania befindet sich ein Berg, der mit seinen 5 895 Metern Höhe als der höchste dieses Kontinents gilt. Wie heißt er?

13 Es ist der Kaspische See, der auch als Kaspisches Meer bezeichnet wird. Der größte Binnensee der Welt, der als sehr fischreich gilt, ist 1 225 Kilometer lang und hat eine Gesamtfläche von 371 800 Quadratkilometern. Stellenweise ist er bis zu 1 025 Meter tief.

*

14 Der offizielle Name des Landes lautet Fürstentum Liechtenstein. 28 000 Menschen leben in dem 160 Quadratkilometer großen Staat, in dem der Schweizer Franken als Währung gilt. Die Flagge des Fürstentums zeigt auf rotem und blauem Hintergrund die herzogliche Krone in Gold.

*

15 Bekannt ist die U-Bahn als Métro. Mit vollem Namen heißt sie Métropolitain. Im Jahre 1900 wurde die erste Teilstrecke eröffnet. Heute könnte die Weltstadt Paris nicht mehr ohne ihre Untergrundbahn funktionieren. Die Station Chatelet-les-Halles gilt als die größte U-Bahn-Station der Welt. Interessanterweise ist kein Punkt in Paris mehr als 500 Meter von einer Métro-Station entfernt.

*

16 Es ist der Kilimandscharo. Bei diesem Berg in Ostafrika, den die Eingeborenen den »Berg der Dämonen« nennen, handelt es sich um einen erloschenen Vulkan. Die Spitze des Bergmassivs mit den drei Gipfeln ist trotz der Lage im heißen Afrika das ganze Jahr über mit Eis bedeckt.

17 Die Donau entspringt bei Donaueschingen im Schwarzwald. Auf einer Länge von 2 863 Kilometern fließt der zweitgrößte Strom Europas durch eine Reihe von Ländern. Welche sind das?

*

18 Alaska gehört heute zu den Vereinigten Staaten von Amerika. Doch das war nicht immer so. Früher gehörte es zu einem anderen Land. Von wem erwarben die USA ihren größten Bundesstaat?

*

19 Eine verhältnismäßig einfache Flagge hat Japan. Sie wurde bereits 1854 eingeführt und zeigt einen roten Punkt auf weißem Hintergrund. Welche Bedeutung hat diese Zeichnung?

*

20 Wenn man diese Nationalhymne auswendig lernen will, benötigt man eine ganze Menge Zeit. Denn sie hat immerhin 158 Strophen. In welchem Land wird sie gesungen?

*

21 Drei Amtssprachen – Deutsch, Französisch und Italienisch – spricht man in der Schweiz. Diese zu erlernen ist eigentlich sehr gut möglich. Das Ziel, alle Sprachen zu erlernen, die in Indien gesprochen werden, kann man aber nicht erreichen, denn es sind zu viele. Wie viele sind es wohl?

17 Sie fließt durch Deutschland, Österreich, Ungarn und Serbien nach Rumänien, wo sie ins Schwarze Meer mündet.

*

18 Amerika erwarb den heutigen 49. Gliedstaat Alaska im Jahre 1867 von Rußland. Gezahlt wurde damals für die 1,5 Millionen Quadratkilometer große Halbinsel die geradezu lächerliche Summe von 7,2 Millionen Dollar. Das nördlichste Gebiet des amerikanischen Festlandes ist reich an Bodenschätzen.

*

19 Die japanische Flagge ist leicht zu erklären, denn nur der rote Punkt hat eine Bedeutung. Er stellt nämlich die aufgehende Sonne dar. In der Landessprache heißt Japan auch »Land der aufgehenden Sonne«.

*

20 Die längste Nationalhymne der Welt ist die griechische. Offiziell wird sie seit 1864 als solche gesungen. Der Text dazu stammt von Dhionyssios Solomos (1798-1857), die Musik ist aus der Feder von Nikolaos Mandzaros (1795-1873).

*

21 In keinem anderen Land werden mehr Sprachen gesprochen als in Indien. Sprachforscher haben hier 845 verschiedene Sprachen festgestellt. Dazu gesellt sich noch eine enorme Vielfalt an verschiedenen Dialekten. Auch in Afrika gibt es eine große Sprachenvielfalt. Dort sind mehr als 700 verschiedene Sprachen bekannt.

22 Heute werden die Menschen viel größer als vor etwa 100 Jahren. In Afrika aber gibt es einen Nomadenstamm, dessen Angehörige seit jeher zu den größten Menschen der Welt zählen. Wie heißt dieser Stamm?

*

23 Der Fluß ist nicht nur Deutschlands längster Fluß, sondern auch der wasserreichste in Deutschland. 867 von 1 320 Kilometern Gesamtlänge fließt er durch Deutschland. Wie heißt er?

*

24 Für den Parisbesucher gehört es einfach dazu, die weltberühmte Kathedrale mit den zwei hohen Türmen und der prächtigen Fassade zu sehen. Wie ist der Name der Kathedrale, die auf der Seine-Insel steht?

*

25 In den Niederlanden haben viele Häuser interessante Fassaden. Besonders auffällig ist bei alten Stadthäusern der Flaschenzug am Giebel. Wozu dient er?

22 Gemeint sind die Massai. Die Angehörigen dieses Stammes, die einst als furchtlose Krieger bekannt waren, haben fast alle eine außergewöhnliche Körpergröße. Die meisten von ihnen sind 1,90 Meter groß, viele sogar über zwei Meter. Die Massai leben heute in Kenia und Tansania.

*

23 Er heißt Rhein und ist nicht nur der längste Fluß in Deutschland, sondern auch die größte Binnenwasserstraße in Europa, die von Schiffen bis 3 000 Tonnen befahren werden kann. Seine beiden Quellflüsse entspringen in den Westalpen im schweizerischen Kanton Graubünden; seine Mündung in die Nordsee hat der Rhein mit den Flußarmen Lek und Waal bei Rotterdam.

*

24 Dieses Wahrzeichen von Paris heißt Cathédrale Notre-Dame. In ihr bewegten sich Könige und Päpste, wurden Krönungs- und Hochzeitsfeiern abgehalten. Die Bauarbeiten für den Prachtbau mit den beiden 68 Meter hohen Türmen begannen im Jahre 1163 und dauerten bis in die zweite Hälfte des 13. Jahrhunderts hinein. Während der Französischen Revolution sollte die Kathedrale zeitweilig sogar abgerissen werden.

*

25 Die Häuser in den Niederlanden werden, vor allem in den Städten, seit jeher recht schmal gebaut. Dieser Baustil bringt es mit sich, daß auch die Treppen äußerst eng sind. Wenn nun ein Umzug ansteht, werden die Möbel nicht über die Treppen aus den oberen Stockwerken geschafft, sondern – mit Hilfe der Flaschenzüge an den Giebeln – durch die Fenster nach unten befördert.

26 Der Londoner Hyde Park gilt als der schönste Park in der englischen Hauptstadt. Doch neben der Schönheit der Parkanlagen gibt es in einem Teil des Parks eine Besonderheit, wie sie sonst nirgendwo auf der Welt existiert. Worum handelt es sich dabei?

*

27 Die Mosel ist insgesamt 545 Kilometer lang. Wie viele Kilometer davon sind mit Schiffen befahrbar?

*

28 Menschen, die in Regionen des ewigen Eises leben, bezeichnen wir als »Eskimos«. Für diese Menschen aber ist diese Bezeichnung eine Beleidigung. Wie nennen sie sich selbst?

*

29 Im Vatikan gibt es, wie es sich für einen eigenen Staat gehört, auch eine eigene Polizei. Ihre Uniformen sehen auch noch heute so aus, als würden ihre Träger in einer Art Ritterfilm mitwirken. Wie heißt diese Polizeitruppe?

*

30 Der höchste Berg der Erde befindet sich im Himalaja. Die Eingeborenen nennen den Berg Chomolungma, was in ihrer Sprache soviel heißt wie »Göttin-Mutter«. Unter welchem Namen kennen wir diesen Berg?

26 Um die sogenannte »Speaker's Corner«. Diese »Rednerecke« befindet sich im Nordosten des 158 Hektar großen Parks. An dieser Stelle der Anlage ist es sonntags jedermann gestattet, frei vor der Öffentlichkeit kleine oder große Reden zu halten.

*

27 Von den 545 Kilometern sind 344 Kilometer schiffbar, wobei Schiffe bis zu 1 500 Bruttoregistertonnen diesen Nebenfluß des Rheins befahren dürfen. 206 Kilometer des Flusses, der in den Vogesen entspringt, befinden sich auf deutschem Gebiet.

*

28 Sie nennen sich Inuit. Dieses Wort bedeutet in ihrer Sprache »Mensch«. Das von uns benutzte Wort hat in ihrer Sprache die Bedeutung von »Rohfleischfresser« und gilt daher als Beleidigung.

*

29 Man nennt sie die Schweizergarde. Ihren Namen hat sie daher, daß sie einst nur gebürtige Schweizer in ihren Reihen aufnahm. Lange Jahre war sie die Leibgarde der französischen Könige, dann wurde sie zur Leibwache der Päpste im Vatikan.

*

30 Wir nennen den 8 848 Meter hohen Berg an der nepalesisch-tibetanischen Grenze Mount Everest. Seinen Namen hat er von George Everest, dem ehemaligen Direktor des indischen Vermessungsamtes. Seit 1928 war der Berg – einer von 14 Achttausendern, die es auf der Welt gibt – immer wieder Ziel von Expeditionen aus aller Herren Länder.

31 In dieser italienischen Stadt gibt es viele Plätze, doch der bekannteste ist der Markusplatz. In welcher Stadt ist er zu finden?

*

32 Der kleinste Erdteil zwischen Pazifik und Indischem Ozean ist zugleich die größte Insel der Welt. Wie heißt sie?

*

33 Der Fluß gilt als der längste in Nordamerika. In seinem Namen befinden sich vier »i« und vier »s«. Wie heißt er?

*

34 Mehr als 9,8 Millionen Einwohner leben in dieser Stadt in der Provinz Schansi. Im Inneren existiert der ehemalige Kaiserpalast, die sogenannte »Verbotene Stadt«. Diese ist umgeben von einer sieben Meter hohen Mauer und von Wassergräben. Um welche Stadt handelt es sich?

31 Der Markusplatz befindet sich in Venedig. Die Piazza San Marco, wie die Italiener sie nennen, gilt als einer der schönsten Plätze der Welt. Er ist umgeben von einer ganzen Reihe interessanter historischer Bauten, wie etwa der Markuskirche oder den alten Prokuratorenpalästen. Der Platz ist nicht nur Sammelpunkt von Touristen aus aller Welt, sondern auch von vielen Tauben.

*

32 Die Rede ist von Australien, die mit 7 682 300 Quadratkilometern größte Insel der Welt. Auf dieser enormen Fläche wohnen allerdings nur 16,8 Millionen Menschen. Die durchschnittliche Bevölkerungsdichte liegt daher bei 2,1 Einwohner pro Quadratkilometer. Zum Vergleich: In Japan sind es 330 Menschen, in Deutschland 222 Menschen pro Quadratkilometer.

*

33 Sein Name ist Mississippi. Die Indianer nennen ihn »Vater der Ströme«. Der 5 970 Kilometer lange Fluß hat seinen Ursprung im Itascasee in Minnesota und mündet bei New Orleans in den Golf von Mexiko. Jährlich führt der Fluß mehr als 20 Milliarden Kubikmeter Wasser in den Golf von Mexiko.

*

34 Um Peking. In der Landessprache heißt die Hauptstadt der Volksrepublik China nicht Peking sondern Beijing. Obschon Peking die Hauptstadt ist, so gibt es eine andere Stadt im Land, die mehr Einwohner aufzuweisen hat: Schanghai. In dieser Stadt leben 11,8 Millionen Menschen.

35 Wanderer und Bergsteiger kommen in diesem Land mitten in Europa voll auf ihre Kosten. Denn das Land besteht zu drei Vierteln aus Gebirge. Welches Land ist gemeint?

*

36 Diese Dame steht auf einer kleinen Insel im Hafeneingang von New York. Sie hält eine Fackel hoch in die Luft und hat für die Amerikaner und für viele Amerika-Reisende eine ganz besondere Bedeutung. Welche Dame ist gemeint?

*

37 In Indien gilt dieser Fluß als Heiligtum. An seinen Ufern hat der Hauptstrom des Landes zahlreiche Wallfahrtsorte. Jedes Jahr pilgern Abertausende von Gläubigen an seine Ufer, um in den Fluten des Wassers zu baden und sich so vor allem geistig zu reinigen. Wie heißt dieses Gewässer?

*

38 Gäbe es diesen Kanal nicht, so müßten die Schiffe, die von Europa nach Indien wollen, einen riesigen Umweg in Kauf nehmen. Wie heißt die 161 Kilometer lange Wasserstraße, die durch Ägypten führt?

*

39 Ein richtiges Traumschloß hatte Ludwig II. von Bayern in der Nähe von Füssen errichten lassen. Heute ist es das meistbesuchte Schloß in ganz Deutschland. Wie heißt es?

35 Die Schweiz: Drei unterschiedliche Naturräume prägen das Bild dieses Landes: die Schweizer Alpen, das Schweizer Mittelland und der Schweizer Jura.

*

36 Die amerikanische Freiheitsstatue ist gemeint. Die 58 Meter hohe Statue, die von innen her bestiegen werden kann, trägt den Namen Statue of Liberty. Sie ist ein Geschenk Frankreichs an Amerika und wurde 1885 in zerlegtem Zustand von Frankreich nach Amerika verschifft, um ein Jahr später in New York wieder errichtet zu werden.

*

37 Der heilige Fluß Indiens ist der Ganges. Er entspringt in 4 100 Meter Höhe im Himalaja und ist 2 700 Kilometer lang. Bei Kalkutta mündet er, stark verzweigt, in den Golf von Bengalen.

*

38 Ihr Name ist Suezkanal. Der Kanal wurde zwischen 1859 und 1869 gebaut und ist heute die kürzeste Seeverbindung zwischen Europa und Indien. Er beginnt bei Port Said am Mittelmeer und endet bei Suez am Roten Meer. Die Durchfahrt dauert zwischen 15 und 18 Stunden.

*

39 Schloß Neuschwanstein. Es gilt als eines der prächtigsten Schlösser der Welt. Die Bauarbeiten daran dauerten von 1869 bis 1886. Heute statten jährlich bis zu 1,4 Millionen Touristen aus aller Welt dem Prachtbau einen Besuch ab.

40 In keinem europäischen Land gibt es mehr Fjorde als in Norwegen. Doch was sind diese Fjorde genau?

*

41 Venedig gilt als die Stadt der Kanäle. Dort fährt kein Auto durch die Stadt, sondern das einzige Verkehrsmittel stellen Boote dar, die durch die Wasserstraßen schippern. Wie viele Kanäle gibt es in dieser oberitalienischen Stadt?

*

42 Im Süden wird Frankreich durch eine mächtige Gebirgskette von Spanien abgegrenzt. Wie heißt dieses Gebirge?

*

43 Eines der Wahrzeichen von Brüssel ist das Atomium. Was soll dieses Gebäude darstellen?

*

44 Wegen der vielen Meere wird die Erde auch als der »blaue Planet« bezeichnet. Wie viele Ozeane gibt es auf der Erde?

40 Bei den Fjorden handelt es sich um Täler, die im Laufe der Zeit vom Meer überflutet worden sind. Diese oft verästelten Meeresbuchten, von Gletschern geformt, sind meist durch steile Wände und Hänge begrenzt.

*

41 In Venedig gibt es genau 150 Kanäle. Der Hauptkanal ist der 3,8 Kilometer lange und bis zu 70 Meter breite Canale Grande, der sich durch das Stadtzentrum zieht. Über 400 meist steinerne Brücken überqueren die Wasserstraßen dieser Stadt, die auf 120 kleinen Inseln erbaut worden ist.

*

42 Es handelt sich um die Pyrenäen. Seit 1659 bilden sie die Grenzlinie zwischen den beiden Ländern. Die Pyrenäen sind 450 Kilometer lang und zwischen 80 und 140 Kilometer breit. Auf der Südseite liegt die Republik Andorra.

*

43 Das Atomium, das 1958 anläßlich der Weltausstellung geschaffen wurde, ist ein riesiges Atommodell. Im Inneren der frei zugänglichen Konstruktion befinden sich Geschäfte und Gaststätten. Durch die engen Röhren führen Rolltreppen von Kugel zu Kugel.

*

44 Genaugenommen nur drei: den Pazifischen mit 181,2 Millionen Quadratkilometer Fläche, den Atlantischen mit 106,4 Millionen Quadratkilometer Fläche und den Indischen Ozean mit 74,06 Millionen Quadratkilometer Fläche. Zusammen ergeben diese drei Ozeane eine Gesamtfläche von 361,7 Millionen Quadratkilometern und haben somit 70,92 Prozent Anteil an der Erdoberfläche.

45 Die Flagge dieses Landes zeigt eine rote Zeichnung auf weißem Hintergrund, ein weißes Kreuz auf blauem Hintergrund und ein rotes Kreuz auf weißem Hintergrund. Dabei handelt es sich – in der gleichen Reihenfolge – um das Kreuz des heiligen Georg, des heiligen Andreas und des heiligen Patrick. Welches Land hat diese Flagge?

*

46 Im Hafen der dänischen Stadt Kopenhagen sitzt eine Figur auf einem Felsen und schaut aufs Meer hinaus. Um wen handelt es sich dabei?

*

47 Ein Besuch in einem Museum ist immer ein Erlebnis. Dort gibt es die tollsten Sachen zu bestaunen. Wenn man aber dem größten Museum der Welt einen Besuch abstattet, dann muß man viel Zeit mitbringen. Wie heißt dieses Museum?

*

48 Man nennt diesen Fluß den »König der Ströme«. Und diesen Namen verdient er auch, denn er ist der zweitlängste Fluß der Erde. Wie heißt er?

45 Großbritannien ist das Land mit dieser Flagge. Sie heißt Union Jack, was in der Übersetzung »Flagge der Union« bedeutet. Sie hat ihr heutiges Aussehen bereits seit dem 1. Mai 1801.

*

46 Um die kleine Meerjungfrau. Die nette Märchenfigur stammt vom dänischen Märchendichter Hans-Christian Andersen; der Bildhauer Edvard Erikson hat sie geschaffen. Die »Lille Havfru«, wie sie bei den Einheimischen heißt, ist das wohl begehrteste Fotomodell der dänischen Hauptstadt.

*

47 Das größte Museum der Welt ist der Louvre. Es steht in Paris und wurde im Jahr 1793 zum Nationalmuseum für Kunstschätze aus königlichem Besitz. Vorher war der riesige Palast, der seit dem Jahre 1200 immer weiter ausgebaut wurde, das Schloß der französischen Könige in Paris.

*

48 Seine Name ist Amazonas. Dieser Name wird vom indianischen Wort »amacunu« abgeleitet, was soviel heißt wie »Wasserlärm«. Der Amazonas, der 6 518 Kilometer lang ist und 200 Nebenflüsse hat, entspringt in den peruanischen Anden und mündet mit drei Hauptarmen in den Atlantischen Ozean.

49 Die Ureinwohner von Amerika sind die Indianer, und die Ureinwohner der Arktis sind die Inuit. Wie heißen die Ureinwohner von Australien?

*

50 In London gibt es eine ganze Reihe interessanter Sehenswürdigkeiten. Darunter gibt es auch eine, die nach einem englischen Politiker benannt wurde. Um welche handelt es sich?

*

51 Kanada ist nach Rußland das flächenmäßig zweitgrößte Land der Welt. Die Gesamtfläche beläuft sich auf 9 976 139 Quadratkilometer, von denen 755 130 Quadratkilometer Wasserfläche sind. Wie heißt die Hauptstadt dieses riesigen Landes?

*

52 Touristen, die in Wien zu Besuch sind, steuern automatisch einen großen Vergnügungspark mit dem hohen Riesenrad an. Wie heißt dieser Park?

*

53 Wasserratten, die für ihr Leben gern im Meer baden, kann man nur das Rote Meer empfehlen, denn es gilt als das wärmste Meer auf der Erde. Welche Temperaturen herrschen normalerweise in diesem Gewässer?

49 Bei den australischen Ureinwohnern handelt es sich um die Aborigines. Sie sind, soweit die Zivilisation das zuläßt, noch sehr naturverbunden. Ihre Malereien auf Baumrinden und Felsen sind weltbekannt, aber auch in einem anderen Bereich sind sie absolute Weltmeister: im Bumerangwerfen.

*

50 Um Big Ben, den »großen Ben«. So heißt nämlich die große Glocke im Uhrturm des 1834 erbauten Parlamentsgebäudes von Westminster. Seinen Namen hat Big Ben vom Politiker Benjamin Hall.

*

51 Die kanadische Hauptstadt heißt Ottawa. Sie liegt in der Provinz Ontario am Ottawa River. Von den 26,1 Millionen Einwohnern im Land mit dem roten Ahornblatt auf der Flagge leben 720 000 Menschen in der Hauptstadt. Entstanden ist die Stadt im Jahre 1826 aus einer kleinen Farmersiedlung.

*

52 Sein Name ist Prater. Das Wort wurde aus dem italienischen »prato« (= Wiese) abgeleitet. Der Prater war 1455 als kaiserliches Jagdgehege angelegt worden. Von 1776 an wurde er zum öffentlichen Vergnügungspark.

*

53 Das Rote Meer, das zwischen Afrika und Arabien liegt, verdient seine Bezeichnung als wärmstes Meer wirklich. Die Durchschnittstemperatur des Wassers in diesem Nebenmeer des Indischen Ozeans beträgt 35 Grad Celsius.

54 Die größte Kathedrale Deutschlands steht in einer Stadt am Rhein. Ihre Türme sind 157 Meter hoch, der Innenraum ist 144 Meter lang und 45 Meter breit. Aber auch sonst kann sich dieser Dom sehen lassen. Wo steht er?

*

55 Eine fremde Sprache lernen ist nie verlorene Zeit. Denn wer sich im Ausland in der jeweiligen Landessprache verständigen kann, hat es leichter als jener, der mit Gestikulieren seine Wünsche zum Ausdruck bringen will. Doch wie viele Sprachen werden auf der Welt gesprochen?

*

56 Nicht nur Mädchen und Frauen tragen Röcke, sondern mitunter auch Männer. Es gibt sogar eine Gegend auf der Erde, in der es sich seit jeher gehört, daß die Männer im Rock herumlaufen. Welches Land ist gemeint?

*

57 Die gesuchte Stadt befindet sich in Mittelitalien und ihre bekannteste Attraktion ist ein Turm, der ziemlich schief ist. Wo findet man dieses Bauwerk?

54 In Köln. Der Grundstein wurde unter dem Erzbischof Konrad von Hochstaden im Jahre 1248 gelegt. Der Bau an der gotischen Kathedrale mit der prachtvollen Fassade und den vielen Kunstschätzen im Inneren kam nur schleppend voran; erst im Jahre 1880 wurde ihre Fertigstellung bekanntgegeben.

*

55 Eine ganz genaue Zahl gibt es hierzu nicht. Die Experten der »Académie française« schätzen die Zahl der Sprachen auf mindestens 2 796. Die Linguisten, wie man Sprachwissenschaftler auch nennt, unterteilen die einzelnen Sprachen in zwölf von der Bedeutung her wichtige und 50 weniger wichtige Gruppen. Die deutsche Sprache, zu den indogermanischen Sprachen gehörend, ist in einer Gruppe der wichtigen Sprachen zu finden.

*

56 In Schottland ist es völlig normal, wenn Männer in Röcken herumlaufen. Die knielangen Faltenröcke aus kariertem Wollstoff, die Kilts, zeigen mit Farben und Mustern die Zugehörigkeit zu einem bestimmten Clan, also einer Verwandtschaftsgruppe, an.

*

57 Der schiefe Turm steht in Pisa. Die Stadt in der Toscana wurde weltberühmt durch die Neigung des Glockenturmes, der mittlerweile mehr als vier Meter überhängt. Schuld daran ist allerdings nicht der Baumeister, sondern der Boden, der unter dem Gewicht des Turms nachgab.

Wohin gehört die Hauptstadt?

Stockholm	Schweden
Lissabon	Portugal
Buenos Aires	Argentinien
Pretoria	Südafrika
Warschau	Polen
Dublin	Irland
Bangkok	Thailand
Kopenhagen	Dänemark
Wien	Österreich
Bern	Schweiz
Neu-Delhi	Indien
Budapest	Ungarn
Kairo	Ägypten
Peking	Volksrepublik China
Ottawa	Kanada
Jerusalem	Israel
Paris	Frankreich
Brüssel	Belgien
Moskau	Rußland
Bukarest	Rumänien
Oslo	Norwegen
Amsterdam	Niederlande
Brazzaville	Kongo
Tokio	Japan
London	Großbritannien
Rom	Italien
Helsinki	Finnland
Sofia	Bulgarien
Canberra	Australien

Die größten Staaten

(Fläche in Quadratkilometern)

Rußland	17 075 000
Kanada	9 976 000
China	9 561 000
USA	9 373 000
Brasilien	8 512 000
Australien	7 687 000
Indien	3 288 000
Argentinien	2 767 000
Sudan	2 506 000
Algerien	2 382 000

Die kleinsten Staaten

(Fläche in Quadratkilometern)

Vatikanstadt	0,44
Monaco	1,49
Nauru	21,00
Tuvalu	26,00
San Marino	61,00
Liechtenstein	160,00
Saint-Christopher-Nevis	261,00
Seychellen	280,00
Malediven	298,00
Malta	316,00

Auf und unter Wasser

?

1 In der Nacht zum 15. April 1912 geschah eine der größten Katastrophen in der Schiffahrtsgeschichte. Unweit der Großen Neufundlandbank stieß ein Passagierdampfer der »White-Star-Linie« mit einem Eisberg zusammen. Von den 2 000 Passagieren an Bord überlebten viele das Unglück nicht. Wie hieß dieses Schiff?

*

2 Wenn früher auf dem Meer ein Schiff in Sicht kam, waren die Seeleute sofort in Alarmbereitschaft. Hißte das fremde Schiff dann plötzlich die Flagge der Piraten, dann war die Aufregung groß. Wie wird die Flagge der Seeräuber genannt?

*

3 Wenn es wirklich stimmt, was die alten Seebären sich erzählen, wenn sie in den Kneipen beisammensitzen, so gibt es ein Geisterschiff, das einen das Gruseln so richtig lehren kann. Welches Schiff, das Unglück bringen soll, ist gemeint?

Auf und unter Wasser

!

1 Beim Unglücksschiff handelte es sich um die Titanic. Das 271 Meter lange englische Passagierschiff, das als Wunderwerk der Schiffbautechnik galt, befand sich auf seiner ersten Ozeanüberquerung. Es versank in den eisigen Fluten. 1985 wurde das Wrack in einer Tiefe von 4 000 Metern geortet.

*

2 Die Piratenflagge heißt Jolly Roger. Sie zeigt einen weißen Totenkopf zwischen zwei Knochen auf schwarzem Hintergrund. Auch heute noch wird sie von den modernen Seeräubern benutzt, die besonders im Indischen Ozean und in den chinesischen Meeren Schiffe überfallen.

*

3 Die Rede ist vom Schiff des Fliegenden Holländers. Der Sage nach wurde der niederländische Kapitän Cornelius Vanderdecken wegen seines gottlosen Lebens dazu verdammt, bis zum Jüngsten Tag auf See zu bleiben und nie wieder in seinem Heimathafen vor Anker zu gehen. Seit diesem Tag, so erzählen es die Seeleute, kreuzt der Fliegende Holländer mit seinem hell erleuchteten Geisterschiff über die Weltmeere.

4 Wenn in den eisigen Polarmeeren die Gewässer zufrieren, so gibt es auch für die schwersten und mächtigsten Schiffe oft kein Weiterkommen mehr. Dann stecken sie fest und müssen auf Hilfe warten. Welche Schiffe sind es, die dann zu Hilfe kommen und die zugefrorenen Routen wieder öffnen?

*

5 Es war ein Traum der Menschen, auf dem Wasser fahren zu können. Ein anderer war es, sich unter dem Wasser fortbewegen zu können. Wann wurde mit dem Bau des ersten Unterseebootes dieser Traum Wirklichkeit?

*

6 Wer glaubt, Fische würden nur den Mund auf und zu machen und wären stumm, der irrt. Es gibt eine ganze Reihe von Fischen, die durchaus Geräusche von sich geben können. Einer unter ihnen kann sogar richtig pfeifen. Welcher?

*

7 Zwischen Seeleuten und diesen Vögeln besteht eine Art indirekte Zusammenarbeit. Wenn die Vögel auftauchen, ist das für die Seemänner ein sicheres Zeichen dafür, daß Land in der Nähe ist. Und für die Vögel bedeutet so ein Schiff immer eine ganze Menge über Bord geworfene Leckerbissen. Um welche Vögel handelt es sich dabei?

4 Bei diesen Schiffen handelt es sich um Eisbrecher. Diese meist besonders massiv gebauten und oft auch am Bug abgeflachten Spezialschiffe mit kraftvollen Motoren sind in der Lage, meterdicke Eisdecken aufzubrechen. Das erste Schiff dieser Art wurde 1898 nach den Plänen eines russischen Admirals namens Makarow gebaut.

*

5 Das Unterseeboot ist keineswegs eine Erfindung unseres Jahrhunderts. Bereits im Jahre 1620 entwickelte der Niederländer Cornelis van Dreebels ein richtiges Unterseeboot. Sein Tauchboot, das von zwölf Ruderern angetrieben wurde, schaffte es damals, stolze vier Meter tief zu tauchen.

*

6 Um den sogenannten Bootsmannfisch. Er kommt an der Küste Nordamerikas vor und kann tatsächlich richtig pfeifen. Interessant ist aber auch das Aussehen des Bootsmannfisches: Er hat Reihen von Leuchtorganen entlang seines Körpers, die wie die Knöpfe einer Uniform aussehen.

*

7 Um die Möwen. Von den begabten Fliegern, die in Kolonien brüten, gibt es 40 verschiedene Arten. Besonders bekannt ist die Lachmöwe oder auch die Silbermöwe. Die Fischfresser sind in allen Teilen der Welt anzutreffen; sie sind alle kräftig gebaut und haben lange Flügel. Bei ihrer Größe allerdings gibt es Unterschiede: Die kleinsten Möwen sind 20 Zentimeter groß, die größten erreichen spielend 70 Zentimeter Länge

8 Autos, mit denen man von der Straße herunterfahren und einfach über ein Gewässer schwimmen kann, gibt es für den Normalgebrauch nicht. Wenn man mit dem Auto ein Gewässer ohne Brücke überqueren will, muß man schon eine bestimmte Art von Schiff benutzen. Welche?

*

9 Wenn ein Schiff auf See ist, muß der Kapitän eine Art Tagebuch führen. Wie nennt man dieses Buch?

*

10 Haifische gelten als gefürchtete Räuber der Meere, die sich auch nicht scheuen, Menschen anzugreifen. Doch bei weitem nicht jeder Hai muß dem Menschen gefährlich werden. Es gibt 250 verschiedene Arten. Wie groß kann der größte Hai werden?

*

11 Im Amazonas gibt es eine Fischart, um die man am besten einen großen Bogen macht. Diese nur knapp 30 Zentimeter langen, silbrig glänzenden Schwarmfische zählen – wegen ihrer scharfen Zähne – zu den gefährlichsten Fischen der Welt. Wie heißen sie?

8 Ein Schiff, auf dem Autos transportiert werden, nennt man Fähre. Es gibt Flußfähren, auf denen mit oft einfachen Mitteln einige Autos von einem Ufer zum anderen befördert werden. Aber es gibt auch riesige Fähren, in denen Hunderte von Passagieren, Autos und gar ganze Eisenbahnzüge Platz finden.

*

9 Dieses Schiffstagebuch heißt Logbuch. Der Kapitän muß täglich die wichtigen Ereignisse in dieses gesetzlich vorgeschriebene Buch eintragen. Daneben werden auch Fahrgeschwindigkeiten, Fahrrichtungen und Wetter in diesem Buch notiert.

*

10 In der artenreichen Familie der Haie, von denen die meisten sich nur auf hoher See und nicht in Küstengebieten aufhalten, gibt es gleich zwei Rekordhalter in Sachen Größe. Es sind dies der Riesenhai und der Walhai. Sie können 15 bis 18 Meter lang werden. Trotz ihrer imposanten Größe sind diese beiden Kolosse für den Menschen nicht gefährlich, denn sie ernähren sich ausschließlich von Fischen.

*

11 Es handelt sich dabei um die Piranhas. Obschon sie vorrangig Fischfresser sind, greifen sie auch, oft in Schwärmen von mehreren hundert Tieren, andere Lebewesen an. So wird berichtet, daß diese bekanntesten fleischfressenden Fische auch Menschen angefallen haben und selbst vor Alligatoren nicht haltmachen. Ihre kräftigen Kiefer weisen außerordentlich spitze und scharfe dreikantige Zähne auf. Damit sind sie in der Lage, ihre Beute in Minutenschnelle in ein Skelett zu verwandeln und selbst kleinere Knochen durchzubeißen. Von den 20 Arten werden vier als gefährlich eingestuft.

12 Vor allem an Küsten findet man die rot-weiß gestreiften Türme, die in der Nacht und bei Nebel Leuchtsignale aussenden. Wie heißen diese Turmbauten?

*

13 Nicht nur der Kapitän und der Steuermann hatten früher auf den Segelschiffen eine wichtige Aufgabe, sondern auch ein Mann, der meist in schwindelerregender Höhe über den Köpfen der anderen herumturnte. Welche Aufgaben hatte dieser Seemann?

*

14 Wenn ein Schiff das erste Mal in See sticht, so hat diese erste Fahrt eine bestimmte Bezeichnung. Wie nennt man sie?

12 Es sind Leuchttürme. Die hohen und somit gut sichtbaren Türme geben mit ihren Signalen wichtige Orientie-
rungshilfen für die Schiffahrt. Sie sind Wegweiser, warnen
aber zugleich mit ihrem bis zu 50 Kilometer weit sichtbaren
Leuchtfeuer und mit Schall und Funksignalen vor Felsrif-
fen oder Nebelbänken, die den Schiffen gefährlich werden
könnten. Leuchttürme, in derem Inneren sich häufig eine
Wohnung befindet, waren schon im Altertum bekannt.
Berühmtes Beispiel war der Leuchtturm von Pharos vor
dem Hafen von Alexandria.

*

13 Im Vergleich zu den anderen Seemännern hatte er auf
den ersten Blick eine eher leichte Arbeit, denn er saß oder
stand hoch oben in einem Mastkorb. Diese Ausguckposten,
meist am Hauptmast angebracht, waren über Strickleitern
zu erreichen. Wer da in luftiger Höhe Dienst tat, mußte
nicht nur gute Augen haben, sondern auch völlig schwin-
delfrei sein. Obschon die Aufgabe hoch oben im Ausguck
verhältnismäßig einfach erscheint, so war sie doch von
großer Bedeutung. Denn damals war es sehr wichtig, schon
von weitem Land oder fremde Schiffe auszumachen.

*

14 Die erste planmäßige Fahrt eines Schiffes wird als
Jungfernfahrt bezeichnet. Zwar wird diese Bezeichnung
vorrangig für Wasserfahrzeuge benutzt, doch kann durchaus auch eine neue Lokomotive oder ein Auto eine Jungfernfahrt durchführen.

15 Piraten waren nicht nur zu allen Zeiten gefürchtet, sondern sie sahen, durch ihre Augenklappen und die vielen Narben, meist ziemlich wüst aus. Auch war es bei Piraten Brauch, einen Ohrring zu tragen. Er soll einen ganz bestimmten Zweck gehabt haben. Welchen?

*

16 Diese schlangenähnlichen Fische, die bis zu drei Meter lang werden können, gelten unter Tauchern als gefährlich, weil sie sich nicht scheuen, auch Menschen anzugreifen. Welche aalartigen Fische sind gemeint?

*

17 Wenn der Kapitän eines Unterseebootes unbemerkt beobachten will, was sich an der Wasseroberfläche abspielt, benutzt er dazu ein bestimmtes optisches Gerät. Zu welchem Instrument greift er?

*

18 Die Ruderboote, die in Venedig durch die Kanäle ziehen, haben nicht nur eine besondere Form, sondern auch einen bestimmten Namen. Wie heißen sie?

15 Die Ohrringe wurden damals getragen, weil die Seemänner der Meinung waren, diese Ringe würden ihr Sehvermögen steigern. Lange Zeit wurde diese Auffassung verspottet. Heute weiß man aber, daß die für den Ring durchbohrte Stelle am Ohr genau die gleiche Stelle war, die bei der Akupunktur für die Kontrolle der Augen zuständig ist.

*

16 Die Muränen. Die Fische mit der gestreiften oder gefleckten Körperhaut sind eigentlich sehr scheu. Wenn sie sich allerdings bedroht fühlen, greifen sie auch Menschen an. Mit ihren langen gebogenen Zähnen können sie einem Menschen durchaus ernste Verletzungen zufügen. Einige der über 100 Muränenarten sind zudem in der Lage, aus den Drüsen in der Gaumenschleimhaut Gifte abzusondern.

*

17 In einem solchen Fall kommt das Periskop zum Einsatz. Dieses Guckrohr mit eingebautem Fernrohr wird bei Bedarf ein- und ausgefahren und ist nach allen Seiten drehbar. Auf diese Weise kann der nicht sichtbare Beobachter durch das Sehrohr genau feststellen, was über ihm vorgeht.

*

18 Die venezianischen Ruderboote heißen Gondeln. Sie sind sehr schmal, haben Bug und Heck hochgezogen und nur wenig Tiefgang. Oft sind sie reich verziert. Die Ruderer und zugleich Steuermänner, die am Ende des Bootes stehen, heißen Gondoliere.

19 Im Lexikon kommt dieser Fisch, dessen Aussehen sehr an eine Schlange erinnert, immer gleich am Anfang des Buches vor. Wie heißt er?

*

20 Die Fenster im Rumpf von Schiffen sind nicht rechteckig, sondern hundertprozentig rund. Sie haben einen Namen, der an ein Tier erinnert. Wie heißen sie?

*

21 In Sagen und Märchen kommen Lebewesen vor, die den Oberkörper einer Frau, aber einen Fischschwanz als Unterleib haben. Wie nennt man diese Wesen?

*

22 Das ist etwas für echte Wasserratten: mit Taucherbrille, Schnorchel und Flossen so richtig auf Tauchstation zu gehen und sich unter Wasser fortzubewegen. Wenn man aber zur tiefsten Stelle im Meer tauchen will, genügt diese Ausrüstung natürlich nicht mehr. Wo ist das Meer am tiefsten?

19 Gemeint ist der Aal. Die schlangenförmigen Fische leben räuberisch in fließenden und auch stehenden Süßgewässern. Wenn sie geschlechtsreif werden, wandern sie alle ins Meer ab. Dabei legen sie mitunter Entfernungen von mehr als 5 000 Kilometern zurück.

*

20 Die runden Seitenfenster in den Schiffen werden als Bullaugen bezeichnet. Ihr Glas ist meist sehr dick. Sie können vollkommen wasserdicht zugeschraubt werden. Der Durchmesser eines Bullauges sollte stets so groß sein, daß ein Mensch im Notfall hindurchklettern kann.

*

21 Sie heißen Nixen. Diese Wassergeister kommen, so wird erzählt, sowohl in Seen und Flüssen im Binnenland als auch im Meer vor. Es gibt auch eine männliche Version davon: Der Wassermann, Nöck oder Nickelmann tritt aber in den Geschichten nicht so recht in Erscheinung wie die Nixen.

*

22 Im Marianengraben im Pazifischen Ozean. Dieser Tiefseegraben liegt östlich der Inselgruppen der Marianen. Die tiefste bislang gemessene Stelle liegt 11 034 Meter unter dem Meeresspiegel. Um in solche Tiefen hinunterzutauchen, bedarf es besonders für solche Zwecke hergestellte Unterseeboote.

Sport und Spiel
?

1 Im Jahre 1908 fand ein Fußballspiel statt, das für die deutsche Mannschaft besonders wichtig war. Um welches Spiel handelte es sich?

*

2 Neben dem Schiedsrichter gibt es bei einem Fußballspiel zwei weitere Personen, die aufpassen sollen, daß nach den Regeln gespielt wird und auch sonst alles mit rechten Dingen zugeht. Wie heißen die mit Handfahnen ausgerüsteten Helfer des Schiedsrichters?

*

3 Ehe man diese Sportart betreiben kann, muß man erst einmal mit der richtigen Ausrüstung für ausreichend Polsterung und Schutz sorgen. Denn bei dem aus Kanada stammenden und auf Eis ausgetragenen Spiel geht es manchmal ganz schön hart zu. Um welchen Sport dreht es sich?

*

4 Die olympischen Spiele gelten als die größte Sportveranstaltung der Welt, bei der sich die besten Sportler miteinander messen. Das Wahrzeichen dieser Veranstaltung sind die fünf olympischen Ringe. Welche Bedeutung haben sie?

Sport und Spiel

!

1 Es war das erste Fußballspiel, an dem Deutschland offiziell teilnahm. Die gegnerische Mannschaft kam damals aus der Schweiz. Deutschland verlor hier gegen die Eidgenossen mit 3:5 Toren.

*

2 Es handelt sich dabei um die Linienrichter. Diese beiden Helfer, die während des ganzen Spiels entlang der Seitenlinien laufen, haben vor allem die Aufgabe anzuzeigen, wenn ein Ball aus dem Spiel ist. Außerdem heben sie ihre Fahne, wenn ein Foul geschehen ist oder ein Spieler ins Abseits lief.

*

3 Um Eishockey. Bei dieser Sportart versuchen zwei Mannschaften mit nach unten gekrümmten Schlägern eine kleine Hartgummischeibe – den sogenannten Puck – ins gegnerische Tor zu jagen. Eine Mannschaft besteht aus sechs Eisläufern: einem Tormann, zwei Verteidigern und drei Stürmern.

*

4 Die fünf olympischen Ringe, die auf den Flaggen und Fahnen zu sehen sind, stellen die fünf Kontinente der Erde dar. Die miteinander verbundenen Ringe in den Farben Blau, Gelb, Schwarz, Grün und Rot wurden erstmals im Jahre 1920 auf einer Flagge gezeigt.

5 Wenn man diese Art der Selbstverteidigung beherrscht, braucht man auch größere und stärkere Gegner nicht zu fürchten. Denn im Notfall kann man sich mit ein paar gekonnten Griffen ganz gut wehren. Wie heißt diese aus Japan stammende Kampfsportart mit den vier Buchstaben?

*

6 Im Jahre 1846 wurden in der englischen Stadt Cambridge die ersten Regeln für ein beliebtes Ballspiel aufgestellt. Um welchen Sport handelt es sich dabei?

*

7 Diese Sportart wird mit einem Schläger und einem kleinen weißen Ball gespielt. Dabei geht es darum, mit möglichst wenigen Schlägen den Hartgummiball in die Löcher, die auf einem großen Gelände verteilt sind, zu treiben. Wie heißt diese Sportart?

*

8 Im Boxtraining hat ein länglicher, schwerer und prall gefüllter Sack eine ziemlich wichtige Aufgabe: Mit diesem Gerät sollen die Schlagkraft erhöht und auch Schlagserien geübt werden. Womit ist dieses Trainingsinstrument des Boxers gefüllt?

5 Judo. Es wird, wie die meisten Kampfsportarten aus Asien, mit den bloßen Händen ausgetragen. Mit bestimmten Techniken, die das Beherrschen zahlreicher Handgriffe und Stellungen erfordern, können beim Judo eventuelle Gegner von weiteren Angriffen abgehalten werden. Weitere bekannte Kampfsportarten aus Asien sind Karate, Aikido, Kendo, Kung-Fu und Tai-chi-chuan.

*

6 Um Fußball, die weltweit populärste Sportart. Bereits im Jahre 3000 vor unserer Zeitrechnung wurden in China fußballähnliche Spiele ausgetragen, doch erst im 19. Jahrhundert entwickelte sich der Fußballsport zu dem, was wir heute kennen. Nach der Einführung erster Regeln im Jahre 1846 wurden 1863, 1868, 1875 und 1882 diese Vorschriften komplettiert. Nach einer allgemeinen Revision im Jahre 1938 haben die Regeln bis heute ihre Gültigkeit.

*

7 Der Name dieser Sportart ist Golf. Ein richtiger Golfplatz umfaßt eine Fläche von etwa 50 Hektar und hat 18 Spielbahnen oder Löcher.

*

8 Der längliche Ledersack, der von der Decke herunterhängt, enthält im Inneren einen Stoffsack, der mit Sand gefüllt ist. Zwischen dem Stoffsack und dem Ledersack befindet sich eine dicke Schicht aus Roßhaar oder Filz.

9 Man muß körperlich in Form sein, wenn man im Zehnkampf eine gute Figur abgeben will. Denn bei diesem leichtathletischen Sportwettkampf, der, wie der Name es andeutet, aus zehn Übungen besteht, wird ziemlich viel gefordert. Aus welchen Disziplinen besteht der Zehnkampf?

*

10 Es gibt eine Sportart, bei der die Spieler auf Pferden sitzen und versuchen, mit hammerartigen Schlägern einen Ball in das gegnerische Tor zu treiben. Wie nennt man diesen Sport, der sich besonders in England großer Beliebtheit erfreut?

*

11 Die Olympischen Spiele haben ihren Ursprung bekanntlich in Griechenland. Im Jahre 394 nach unserer Zeitrechnung wurden sie auf Anordnung von Kaiser Theodosius verboten. Ende des 19. Jahrhunderts machte sich ein französischer Pädagoge und Diplomat an die Wiederbelebung dieser Sportidee. Wie hieß dieser Mann?

9 Der Zehnkampf wird immer an zwei Tagen ausgetragen. Am ersten Tag stehen der 100-Meter-Lauf, der Weitsprung, das Kugelstoßen, der Hochsprung und der 400-Meter-Lauf auf der Tagesordnung. Am zweiten Tag sind es der 110-Meter-Hürdenlauf, das Diskuswerfen, der Stabhochsprung, das Speerwerfen und der 1500-Meter-Lauf.

*

10 Dieses Wettkampfspiel hat den Namen Polo. Auch wenn die Engländer als Polospezialisten gelten, so liegt der Ursprung des Spiels doch in Asien.

*

11 Der Mann, der als Initiator der modernen Olympischen Spiele in die Geschichte eingegangen ist, war Baron Pierre de Coubertin (1863-1937). Er war es auch, der 1894 in Paris das Internationale Olympische Komitee (IOC) gründete. Zwei Jahre danach fanden in Athen die ersten Spiele der Neuzeit statt.

Rekordverdächtig!
?

1 Hoch oben in den Bergen des Himalaja soll ein Lebewesen wohnen, das so bekannt ist wie das Ungeheuer von Loch Ness. Um welches Wesen handelt es sich?

*

2 Sie legen sich mit nacktem Oberkörper auf ein Brett mit Nägeln oder stecken sich ein Messer durch einen Körperteil, ohne sich zu verletzen. Wie nennt man diese Menschen, von denen es besonders viele in Indien gibt?

*

3 Dieser See in Schottland ist bestimmt der bekannteste auf der ganzen Welt. Denn in Loch Ness, so heißt er, soll ein urzeitliches Wesen leben. Wie heißt es?

Rekordverdächtig!
!

1 Um den Yeti. Man bezeichnet dieses Wesen auch als den Schneemenschen, obwohl niemand genau weiß, ob man in ihm ein Tier oder einen Menschen sehen soll. Er soll mehr als 2,50 Meter groß sein, mehrere Zentner wiegen und eine lange Behaarung haben. Eindeutige Beweise dafür, daß es dieses Wesen wirklich gibt, sind bislang nicht erbracht worden; die meisten Bewohner des Himalaja aber sind von seiner Existenz überzeugt.

*

2 Wir nennen sie Fakire. Dabei handelt es sich um Menschen, die durch das Üben von bestimmten geistigen Techniken in der Lage sind, Schmerzunempfindlichkeit zu erlangen. Sehr oft führen sie ihre wahrlich verblüffenden Nummern auf Volksfesten vor und verlangen anschließend Geld von den Zuschauern.

*

3 In Anlehnung an den Namen des Sees hat man dem Lebewesen den Namen Nessie gegeben. Das »Seeungeheuer« soll einen langen Hals und einen kleinen Kopf haben und ein wenig einem Brachiosaurier ähneln. Ob es Nessie nun wirklich gibt und wie es aussieht, das weiß man bis heute allerdings immer noch nicht.

4 Nicht nur außerordentlich viele Schauspieler, sondern auch eine ganze Menge Tiere wirkten in diesem bekannten Film mit. Unter ihnen befanden sich nicht weniger als 63 Löwen. In welchem Film spielten sie eine Rolle?

*

5 Sehr warm anziehen muß man sich, wenn man in den kältesten Gebieten der Welt einen Spaziergang machen will. Temperaturen um die 70 Grad minus sind dort keine Seltenheit. Doch wo liegen die kältesten Regionen der Erde?

*

6 In Brasilia, der Hauptstadt von Brasilien, gibt es eine Straße, die man als Fußgänger besser nicht überquert. Denn sie ist als die breiteste Straße der Welt bekannt. Wie breit ist sie?

*

7 Bibliotheken werden als die »Schatzkammern des menschlichen Geistes« bezeichnet. Seit Ewigkeiten werden diese geistigen Schätze gehütet, und bei größeren Sammlungen wird versucht, mit einem bestimmten System ein wenig Ordnung in diese Vielfalt zu bringen. Wo befindet sich die größte Bibliothek?

4 Im Film »Quo vadis«. Der 1951 mit enormem Personal-
und Materialaufwand gedrehte amerikanische Film, in
dem etliche berühmte Schauspieler mitwirkten, spielt zur
Römerzeit. Die mitwirkenden Löwen sind in den Arenen
zu finden. Ihre Rolle im Film besteht darin, sich die unlieb-
samen Gegner des Kaisers schmecken zu lassen.

*

5 In der Antarktis und auch in Sibirien wurden Temperaturen gemessen, die zu den kältesten auf der Erde zählen.
So wurden im sibirischen Oimjakon Temperaturen von
minus 78 Grad registriert, in der Antarktis auf einer russischen Station minus 86,7 Grad und in Wostok in der gleichen Region schon fast unglaubliche minus 88,3 Grad.

*

6 Die Monumental Axis, wie die Straße heißt, hat zwar
nur sechs Fahrbahnen, aber sie ist stolze 250 Meter breit. An
ihr stehen viele Gebäude der Regierung. Sie wurde im April
1960 für den Verkehr freigegeben.

*

7 Die größte Bibliothek der Welt steht in Washington. Es
handelt sich um die Kongreßbibliothek. Sie umfaßt über 90
Millionen Schriftstücke, darunter allein 20 Millionen Bücher und Broschüren. Aneinandergereiht ergäben die Bü-
cherregale eine Gesamtlänge von mehr als 850 Kilometern.

8 Würde man von jedem Passagier, der in diesem Flughafen ins Flugzeug steigt, nur 10 Pfennig erhalten, wäre man schnell Millionär. Denn in dem in England liegenden Flughafen werden jährlich weit über 32 Millionen Passagiere abgefertigt. Wo befindet er sich?

*

9 Eine ganze Menge Patienten kann das »District Medical Centre« in Chicago aufnehmen, denn das Krankenhaus gilt als das größte der Welt. Wie viele Betten stehen in diesem Krankenhaus?

*

10 Diamanten können beim Verkauf sehr viel Geld einbringen. Ausschlaggebend für einen hohen Preis sind das Gewicht, die Farbe und die Reinheit. Wie groß war der größte bislang gefundene Diamant?

8 In London. Es ist der Heathrow Airport. Auf diesem
Flughafen, der als der größte Europas gilt, arbeiten 45 000
Personen. Der größte Flughafen in Deutschland ist der
Rhein-Main-Flughafen bei Frankfurt. Bei den weltweit für
den internationalen Linienverkehr zugelassenen Flughä-
fen rangiert er an 14. Stelle; in Europa befindet er sich nach
London und Paris an dritter Position.

*

9 Das DMC macht seinem Ruf als größtes Krankenhaus
der Welt alle Ehre. Denn in seinen Zimmern stehen nicht
weniger als 5 600 Krankenbetten. In Europa hat das Klini-
kum Aachen die meisten Betten aufzuweisen. In dieser
Klinik ist Platz für rund 1 500 Betten vorhanden.

*

10 Er hatte im ungeschliffenen Zustand die Größe einer
Männerfaust und brachte ein Gewicht von 3 106 Karat oder
621,2 Gramm auf die Waage. Gefunden wurde der Cul-
linan, so hieß er, am 25. Januar 1905 in einer Mine im
südafrikanischen Pretoria. Er wurde dem englischen König
geschenkt, der daraus mehr als 100 Brillanten schleifen ließ.

Die höchsten Berge

Berg	Gebirge	Kontinent	Höhe (m)
Mount Everest	Himalaja	Asien	8 848
K2	Himalaja	Asien	8 750
Kangchenjunga	Karakorum	Asien	8 610
Lhotse	Himalaja	Asien	8 511
Makalu	Himalaja	Asien	8 481
Aconcagua	Anden	Südamerika	6 958
Mount McKinley	Rocky Mountains	Nordamerika	6 229
Kilimandscharo	Kilimandscharo	Afrika	5 895
Montblanc	Alpen	Europa	4 807

Die größten Wüsten

(Fläche in Quadratkilometern)

Sahara (Afrika)	8 400 000
Australische Wüste	1 550 000
Arabische Wüste (Asien)	1 300 000
Gobi (Asien)	1 040 000
Kalahari (Afrika)	520 000
Taklamakan (Asien)	320 000
Sonora (Nordamerika)	310 000
Namib (Afrika)	310 000
Karakum (Asien)	270 000
Thar (Asien)	260 000

Die längsten Flüsse

(Länge in Kilometern)

Nil (Afrika)	6 670
Amazonas (Südamerika)	6 518
Mississippi (Nordamerika)	5 970
Jenissej (Asien)	5 540
Jangtsekiang (Asien)	5 530
Ob-Irtysch (Asien)	5 410
Hwangho (Asien)	4 830
Kongo (Afrika)	4 700
Niger (Afrika)	4 184
Rio de la Plata (Südamerika)	4 000
Murray (Australien)	3 750
Wolga (Europa)	3 690
Zum Verlgeich:	
Donau	2 850
Rhein	1 320

Für die Forscher von morgen
?

1 In unserem Sonnensystem gibt es eine Vielzahl Planeten, Planetoiden, Kometen und Meteoriten. Wie heißt der größte Planet in diesem System?

*

2 Erschütterungen der Erdoberfläche dauern meistens nur ganz kurze Zeit, doch sie reichen völlig aus, um große Schäden anzurichten. Wie nennt man diese Erschütterungen?

*

3 Im Gebirge, zwischen steilen Felswänden, kann man es besonders gut testen: Man ruft einen Namen, und der Name hallt zurück. Wir reden dann vom Echo. Wie entsteht das Echo?

Für die Forscher von morgen !

1 Jupiter. Von den neun großen Planeten und 40 000 Planetoiden in unserem Sonnensystem ist er der größte. Er hat einen Durchmesser von 142 000 Kilometern, seine Masse ist 318mal so groß wie die der Erde. Der Jupiter, der zudem eines der hellsten Gestirne am Himmel darstellt, wird von vier großen und acht kleinen Monden umkreist.

*

2 Erdbeben. Zwar bebt die Erde immer irgendwo, doch die meisten Erdbeben – eigentlich nichts anderes als natürliche Erschütterungen der Erdkruste – sind harmlos. Bei großen Erdbeben hingegen können ganze Städte zerstört und viele Menschen in Mitleidenschaft gezogen werden. Im Meer kann es zu gewaltigen Flutwellen kommen, bei denen Inseln überschwemmt und ganze Küstenregionen verwüstet werden können. Besonders Japan und Amerika sind bedroht von Erdbeben. In Japan ist man daher längst dazu übergegangen, beim Bau von Häusern auf erdbebensichere Bauweisen zurückzugreifen.

*

3 Auch wenn das Echo ein wenig geheimnisvoll wirkt, so ist es doch leicht zu erklären. Es entsteht dadurch, daß die Schallwellen auf ein Hindernis stoßen, das nicht schwingend ist. Sie werden deshalb zum Rufer zurückgeworfen, der sie, allerdings leiser, wieder hört.

4 Kanäle sind künstliche Wasserstraßen, die nützlich für den Schiffsverkehr sind. Es gibt jedoch einen Kanal, der nicht für Schiffe gedacht ist: den Windkanal. Was steckt hinter dieser Bezeichnung?

*

5 Wenn man die feuerspeienden Berge in Aktion sieht, wird so richtig deutlich, welche Kraft in der Natur steckt. Wie heißen diese Berge, aus denen glühende Lava austritt, und welcher Berg ist der höchste seiner Art?

*

6 Diese Leitungen aus Stahlrohr sind oft Hunderte von Kilometern lang. Im Inneren der Rohrleitungen werden Flüssigkeiten oder Gase transportiert. Wie heißen die Leitungen?

4 Der Windkanal ist eine tunnelförmige Einrichtung, in der ein Gebläse einen wirbelfreien Luftstrom erzeugt. Die Geschwindigkeit dieses Luftstroms kann geregelt werden. Auf diese Weise kann mit empfindlichen Meßgeräten der Widerstand und der Auftrieb von Körpern registriert werden. Dies geschieht unter anderem beim Bau von Autos oder auch von Flugzeugen. Die erste Versuchsanlage in Deutschland wurde bereits im Jahre 1907 in Göttingen gebaut.

*

5 Sie heißen Vulkane. Ihr Name stammt von Vulcanus, dem römischen Gott des Feuers. Man schätzt die Zahl der noch tätigen Vulkane weltweit auf mehr als 400. Ein Großteil davon liegt im Bereich des Pazifischen Ozeans. Der größte ist der Mauna Kea, der auf Hawaii zu finden ist. Vulkane haben meist die Form eines stumpfen Kegels und eine trichterförmige Vertiefung an der Spitze. Bei einem Ausbruch werden aus dem Inneren des Berges Gase, Asche, Steine und die gefürchtete glutheiße Lava ausgestoßen. Auch heute noch ist die genaue Vorhersage eines Vulkanausbruchs ein schwieriges Unterfangen.

*

6 Die Leitungen haben die aus dem Englischen stammende Bezeichnung Pipelines. Sie dienen vorrangig dazu, Erdöl über größere Entfernungen – so etwa vom Erdölfeld zur Raffinerie oder zu einem Hafen – zu transportieren. Aber auch Erdgas wird durch diese Stahlrohrleitungen geschickt. Pipelines können sowohl über- und unterirdisch als auch unter Wasser verlegt sein.

7 An jedem Polizei- und Feuerwehrauto und auch an jedem Rettungswagen gibt es ein Gerät, ohne das heute kein Dienstfahrzeug mehr auskommen würde. Es kann eine Menge Lärm verursachen und wurde bereits 1819 erfunden. Worum handelt es sich?

*

8 Mit diesem Gerät können Flugzeuge, Schiffe oder Hindernisse geortet und erkannt werden. Wie nennt man das für die Navigation heute unersetzliche Instrument?

*

9 Es gibt eine Art Geheimschrift, die fast nur von Sekretärinnen beherrscht wird. Mit dieser Geheimschrift können sie so schnell mitschreiben, wie der Redner spricht. Wie heißt diese Schrift, die jeder erlernen kann?

7 Um die Sirene. Bei diesem akustischen Signalgerät wird ein durchdringend lauter Ton erzeugt, der auch über weitere Entfernung gut hörbar ist. Die Signaltöne werden durch einen starken Luftstrom hervorgerufen, der durch eine gelochte Scheibe geblasen wird, die sich dreht. Bei Dienstfahrzeugen heißt die Sirene Martinshorn. Diese Bezeichnung ist abgeleitet vom Namen der Herstellerfirma.

*

8 Es heißt Radar. Dieses amerikanische Kurzwort bedeutet ausgeschrieben »Radio detecting and ranging«. Das Radar sendet elektromagnetische Wellen aus. Treffen diese Strahlen auf ein Hindernis, so werden sie wieder zum Sender zurückgeworfen und auf dem Radarschirm als Leuchtfleck sichtbar gemacht. Das Gerät wurde im Zweiten Weltkrieg entwickelt und war für den Luft- und den Seekrieg von großer militärischer Bedeutung. Heute gehört es zum festen Instrumentarium im Flug- und Seeverkehr.

*

9 Sie heißt Stenographie, was in der Übersetzung aus dem Griechischen soviel bedeutet wie »Kurzschrift«. Dabei handelt es sich um eine Schrift mit einem System aus verkürzten Schriftzeichen, die das schnelle Mitschreiben ermöglicht. Das deutsche Stenographie-System stammt von Franz-Xaver Gabelsberger (1789-1849); heute wird in Deutschland weitgehend die deutsche Einheitskurzschrift angewandt, die 1936 entwickelt worden ist.

10 Jedes Fahrzeug, das sich in irgendeiner Weise über die Straßen oder Schienen bewegt, hat eine Bremse, mit der der Fahrer das Gefährt zum Stillstand bringen kann. Doch es gibt auch eine Bremse, die nicht nur der Fahrer, sondern auch mitreisende Fahrgäste einsetzen können. Von welcher Bremse ist die Rede?

*

11 Bei uns sieht man Häuser mit einer weißen Fassade eher selten. In den südlichen Ländern, wie Italien, Spanien oder Griechenland, findet man sie oft. Die weiße Farbe der Häuser erfüllt einen bestimmten Zweck. Welchen?

*

12 Heute haben die Flugzeuge auf jeder Seite nur eine Tragfläche. Doch früher, als die tollkühnen Piloten in ihren fliegenden Kisten durch die Lüfte knatterten, hatten die Flügel oft mehrere Etagen. Wie nannte man Flugzeuge mit zwei übereinander angebrachten Flügeln?

*

13 Wenn man etwas im Detail betrachten will, nimmt man eine Lupe zur Hand. Um etwas noch genauer zu begutachten, braucht man ein optisches Gerät, mit dem auch kleinste Teilchen genau untersucht werden können. Wie nennt man es?

*

14 Eine Gefahr, die von vielen Skifahrern und Wanderern in den Bergen unterschätzt wird, sind die abrutschenden Schneemassen. Wie nennt man diese auch noch?

10 Von der Notbremse in Zügen. Das Bedienen dieser Bremse bringt einen Zug innerhalb kürzester Zeit zum Stehen. Eine Notbremse darf, wie ihr Name schon sagt, ausschließlich im Notfall gezogen werden. Unberechtigtes Benutzen hingegen zieht eine Geldstrafe nach sich.

*

11 Die helle Farbe reflektiert das Sonnenlicht besser als dunkle Farben. Dadurch bleibt es im Inneren der Häuser auch bei heißen Sommertemperaturen angenehm kühl.

*

12 Sie hatten die Bezeichnung »Doppeldecker«. Die Konstrukteure vertraten damals die Auffassung, daß durch zwei solche Flügel bessere Flugeigenschaften erzielt werden könnten. Zeitweise wurde auch mit Dreideckern, also Flugzeugen mit drei übereinander angebrachten Flügeln, experimentiert.

*

13 Es ist das Mikroskop. Mit diesem Gerät können Gegenstände mehr als tausendfach vergrößert werden. Vergrößerungen bis zum 200 000fachen ermöglichen die teuren Elektronenmikroskope, die in der Forschung zum Einsatz kommen. Erfunden wurde das erste Mikroskop von den beiden niederländischen Optikern Zacharias und Johann Jansen.

*

14 Abrutschende Schneemassen sind besser bekannt unter dem Namen Lawinen. Diese Schneemassen, die vor allem an steilen, unbewaldeten Hängen vorkommen, können sich plötzlich lösen und mit enormer Geschwindigkeit in die Täler stürzen. Dabei reißen sie mit ungeheurer Wucht alles mit sich, was im Weg steht.

15 Mit einem Durchmesser von 120 000 Kilometern gilt dieser Planet als der zweitgrößte unseres Sonnensystems. Ihn selbst umgeben zahlreiche kleinere und mehrere größere Satelliten. Wie heißt dieser Planet?

*

16 Die Sandberge am Meer sind ideale Plätze zum Spielen. Wie heißen sie?

*

17 Mitten im Kern der Erde gibt es eine glutflüssige Masse, die viele tausend Grad heiß ist. Manchmal sucht sich diese Masse aus dem Erdinneren einen Weg durch die Erdkruste und ergießt sich an die Oberfläche. Wie heißt die Masse im Inneren der Erde?

*

18 Aus Abenteuerfilmen kennt man die Szene: Da zieht eine Karawane durch die glühendheiße Wüste, und plötzlich glaubt einer der durstigen Mitreisenden, eine Oase mit Palmen und Wasserstelle zu sehen. Aber der Schein trügt. Es handelt sich um eine Fata Morgana. Was ist das?

15 Sein Name ist Saturn. Eine einmalige Erscheinung, die ihn von anderen Planeten unterscheidet, ist der ihn umgebende Ring, der sogenannte Saturnring. Er besteht aus kleinen Gesteinsbrocken und Staubmasse und ist etwa 20 Kilometer dick. Eine Vielfalt kleinerer und zehn größere Satelliten umgeben den Planeten. Der größte unter ihnen – mit dem Namen Titan – hat einen Durchmesser von 5 000 Kilometern.

*

16 Die Sandberge heißen Dünen. Im Normalfall entstehen diese hohen Anhäufungen durch den Wind, der über einen längeren Zeitraum hinweg Sand in eine bestimmte Richtung bläst. Damit der Wind den Sand nicht zu weit bläst, werden Strandgräser und Sträucher in den Dünen gepflanzt. Die Wurzeln der Pflanzen helfen den Sand zu festigen.

*

17 Magma. Durch die enorme Hitze und den Druck ganz tief in der Erde schmilzt das Gestein der Erdkruste zu Magma. Wenn die Gesteinsschmelze bei Vulkanen an die Erdoberfläche tritt, so bezeichnet man sie als Lava.

*

18 Eine Fata Morgana ist eine Luftspiegelung. Sie entsteht, wenn Luftschichten von unterschiedlicher Dichte übereinander lagern. Durch die Spiegelung der Lichtstrahlen können weit entfernte Orte ganz nah erscheinen. Auf dem Meer können solche Luftspiegelungen ebenfalls auftreten; dann heißen sie Seegesicht oder auch Kimmung.

19 Wird dieser Wirbelsturm gemeldet, dann wird sofort Alarm gegeben. Nicht selten werden die Menschen evakuiert, weil diese tropischen Stürme vor allem an den Küsten schlimme Schäden anrichten können. Wie heißen diese Stürme?

*

20 Wer genau wissen will, wie lange er für eine bestimmte Handlung benötigt, muß die Zeit stoppen. Es gibt Uhren mit höchster Ganggenauigkeit, die dies ermöglichen. Wie nennt man diese Instrumente?

*

21 Lange haben die Menschen gerätselt, ob der Mond bewohnt sei oder nicht. Mit der Landung der ersten Menschen auf dem Mond bekamen sie definitiv Gewißheit in dieser Sache. Wer war der erste Mann auf dem Mond?

19 Wir kennen sie unter dem Namen Taifun. Bei dieser Bezeichnung handelt es sich um ein chinesisches Wort. Taifune können höchste Windgeschwindigkeiten erreichen. Über die eigentliche Ursache von Taifunen wissen die Forscher auch noch heute wenig Genaues. Interessant bei diesen Stürmen ist der Umstand, daß das »Auge des Sturms« im Zentrum des Wirbels einen Ort der Ruhe bildet.

*

20 Solche Geräte heißen Chronometer. Dabei handelt es sich um Präzisionsinstrumente, die in der Lage sind, selbst Bruchteile von Sekunden genau zu messen. Als Chronographen bezeichnet man hingegen jene Instrumente, die, meist durch elektrische Auslösung, bei sportlichen Veranstaltungen die Zeit messen und auch aufzeichnen.

*

21 Es war der amerikanische Astronaut Neil Armstrong. Der Kommandant der Raumfähre Apollo 11 machte am 21. Juli 1969 den ersten Schritt auf den Mond, den er als kleinen Schritt für einen Menschen, aber als gewaltigen für die Menschheit bezeichnete. Der zweite Mann auf dem Mond war der Astronaut Buzz Aldrin. Die beiden Männer verbrachten fast einen Tag auf dem Mond, stellten die US-Flagge auf und sammelten Mondgestein.

22 Über Industriestädten und Ballungsgebieten kommt es oft zu einer ganz ungesunden Art von Nebel, der mit Rauch durchsetzt ist. Wir bezeichnen diesen Nebel mit einem englischen Ausdruck. Wie lautet er?

*

23 Dieser Himmelskörper ist von der Erde aus am schnellsten zu erreichen. Die Entfernung zu ihm beträgt »nur« 384 000 Kilometer. Welcher Himmelskörper ist gemeint?

*

24 Es gibt Perlen aus Kunststoff, andere werden künstlich gezüchtet, und es gibt echte Naturperlen. Wie entstehen sie?

22 Wir nennen diesen Nebel Smog. Dieses Wort ist zusammengesetzt aus den englischen Wörtern »smoke« (= Rauch) und »fog« (= Nebel). Smog entsteht, wenn sich unter bestimmten Wetterbedingungen die Schadstoffe in der Luft anhäufen und kein Austausch von Luftmassen stattfindet. Die Luft mit den Schadstoffen kann sich dadurch weder verdünnen noch verteilen. Wenn die Schadstoffkonzentration zu hoch wird, wird Smogalarm ausgelöst.

*

23 Der Mond. Das Alter des Erdtrabanten wird auf etwa 4,6 Milliarden Jahre geschätzt; also dürfte er in etwa so alt wie die Erde sein. Sein Durchmesser beträgt 3 476 Kilometer, und er umläuft die Erde in 27 Tagen.

*

24 Genaugenommen sind Naturperlen eigentlich Fremdkörper. Wenn ein solcher Fremdkörper in eine Muschelschale eindringt, dann wird er – gleichsam in einer Schutzreaktion der Muschel – mit Perlmutt ummantelt. Auf diese Weise entsteht eine Perle. Viele der heute erhältlichen Perlen werden – vor allem in Japan – künstlich gezüchtet. Dabei werden die Fremdkörper künstlich eingebracht. Diese Perlen sind selbstverständlich nicht so wertvoll wie die natürlichen.

25 Tag und Nacht sitzen Fachleute in Erdbebenwarten rund um die Welt und überwachen die Stöße, die von Erdbeben ausgehen. Dabei benutzen sie ein empfindliches Gerät. Welches ist das?

*

26 Regen bringt nicht nur Segen, sondern heute stellt Regen auch mitunter eine Gefahr für die Umwelt dar. Von welchem Regen ist dann die Rede?

*

27 Wenn Astronauten im Inneren ihres Raumschiffs arbeiten, können sie eigentlich normale Kleidung tragen. Wollen sie das Raumschiff jedoch verlassen, müssen sie für diesen Zweck besondere Raumanzüge anziehen. Warum?

25 Das Arbeitsgerät dieser Experten ist der Seismograph. Dieses selbstschreibende Instrument zeichnet die Wellen und die Bebenstöße auf photoelektrischem Wege auf. Seismographen sind so empfindlich, daß sie sogar Stöße registrieren können, die der Mensch überhaupt nicht spürt. Die auf diese Weise entstehenden Aufzeichnungen bezeichnet man als Seismogramme. Seismologie nennt man die Erdbebenkunde selbst und Seismologen die Experten auf diesem Gebiet.

*

26 Vom sogenannten sauren Regen. Darunter versteht man alle Niederschläge, die säurehaltig sind und somit der Natur Schaden zufügen. Schuld daran sind vor allem Schwefeldioxyd und Stickoxyde. Wenn sie mit Sauerstoff und dem in der Luft enthaltenen Wasser zusammenkommen, bilden sie Säuren, wie Schwefel- und Salpetersäure. Diese regnen dann tonnenweise auf die Erde nieder. Ein Großteil der Wälder in den industrialisierten Ländern ist schon heute von den Folgen betroffen; viele Bäume sind krank.

*

27 Im Inneren des Raumschiffs, das unter Druckausgleich steht, existieren Bedingungen, die jenen auf der Erde sehr ähnlich sind. Draußen im Weltall herrscht hingegen eisige Kälte, und vor allem gibt es keine Atemluft. Aus diesem Grund müssen Astronauten die hochentwickelten Raumanzüge tragen. Diese weißen Schutzanzüge bestehen aus mehreren Schichten unterschiedlichen Materials, welche weder extreme Kälte noch extreme Hitze durchlassen.

Dies und das
?

1 Er hat ein dichtes hell- bis dunkelbraunes Fell, schöne große Augen und lustige Ohren. Wenn man ihm auf den Bauch drückt, dann brummt er ganz tief. Wer ist wohl gemeint?

*

2 Wenn man richtig mit diesem aus Australien stammenden Wurfholz umgehen kann, hat man viel Freude damit. Denn das flinke Ding kommt, bei richtiger Anwendung, immer wieder zum Werfer zurückgeflogen. Wie heißt es?

*

3 Es dauert gar nicht mehr lange, dann beginnt ein neues Jahrtausend. Kluge Köpfe haben auch bereits ausgerechnet, mit welchem Wochentag das Jahr 2000 anfängt. Welcher mag es sein?

*

4 Manchmal ist es ganz schön schwierig mit den Abkürzungen. Eine Abkürzung, die nur die drei Buchstaben FBI enthält, ist hingegen weltbekannt. Was steckt hinter dem Buchstabenkürzel?

Dies und das
!

1 Der Teddybär. Der liebste Bär der Welt hat seinen Namen, so wird angenommen, vommerikanischen Präsidenten Theodore Roosevelt. Dieser wurde von seinen Freunden Teddy genannt, und auch sein Sohn hatte diesen Kosenamen.

*

2 Das sichelförmige Wurfholz heißt Bumerang. Es stammt eigentlich von den Ureinwohnern in Australien und wird dort auch noch heute mit viel Können als Jagdwaffe eingesetzt. Die gebogene und geschnitzte Wurfkeule hat normalerweise eine Länge von 50 bis 60 Zentimetern. Bei uns ist der Bumerang in vielen Sportgeschäften erhältlich.

*

3 Das neue Jahrtausend beginnt mit einem Montag.

*

4 Die drei Buchstaben FBI stehen für »Federal Bureau of Investigation«. Dabei handelt es sich um das Bundeskriminalamt der Vereinigten Staaten von Amerika. Die 1908 gegründete Polizeibehörde bearbeitet alle Kriminalfälle, die Bundesrecht verletzen. Die Mitarbeiter dieser Einrichtung gelten als außerordentliche Verbrechensspezialisten.

5 Die schönen Puppen, die hinter den Kulissen mit Schnüren und Drähten auf der Bühne bewegt werden, erleben oft die seltsamsten Abenteuer. Wie heißen diese Gliederpuppen?

*

6 Die Federn, die die Indianer als Kopfschmuck trugen, waren oft besonders prächtig. Doch sie dienten nicht nur als Schmuck, sondern hatten ihre ganz eigene Bedeutung. Welche?

*

7 Diese Gangsterorganisation ist weltweit verbreitet. Überall dort, wo es um viel illegales Geld geht, haben die Mitglieder der »ehrenwerten Gesellschaft« ihre Finger im Spiel. Wie heißt diese Vereinigung?

5 Man bezeichnet sie als Marionetten. Der Name dieser Gliederpuppen wird abgeleitet vom italienischen Wort »marionetta« (= Mariechen). Diese Art des Puppenspiels ist sehr alt. Bereits im griechischen Altertum war es bekannt, aber auch in Indien, China und Japan wurde schon vor Jahrhunderten mit diesen Puppen Theater gespielt.

*

6 Mit einer oder mehreren Federn wurden der Rang des Trägers und seine bisherigen kriegerischen Leistungen bekanntgegeben, wobei jeder wichtige Stamm seinen eigenen Kopfschmuck hatte. Als Kopfschmuck wurden die Federn von Reihern und Kranichen benutzt. Besonders begehrt waren die Adlerfedern. Manche Stämme hatten nicht nur Kopfschmuck aus Federn, sondern auch Hauben und gar Mäntel mit Federschmuck.

*

7 Die aus Sizilien stammende Geheimorganisation trägt die Bezeichnung Mafia. Ein Mitglied der Mafia bezeichnet man als Mafioso. Der Ursprung dieser Vereinigung geht bereits auf das 18. Jahrhundert zurück. In den 30er Jahren dieses Jahrhunderts wurde sie zerschlagen, nach dem Krieg aber wieder neu aufgebaut und über die ganze Welt verbreitet. In Amerika ist sie unter der Bezeichnung »Cosa Nostra« (ital. »unsere Sache«) bekannt.

8 Wer mit diesem Instrument ein Ständchen bringen will, muß eine Menge Puste und ebensoviel Ausdauer haben, denn sonst gibt das seltsame Musikgerät, das vor allem in Schottland verbreitet ist, nur gräßlich quietschende Laute von sich. Wie heißt das Blasinstrument?

*

9 Die englische Königsfamilie verfügt über eine ganze Reihe von Wohnmöglichkeiten. Eine davon steht in London und ist ihr offizieller Wohnsitz. Wie heißt er?

*

10 Millionär zu sein ist gewiß nicht übel, doch Milliardär zu sein ist schon fast unvorstellbar. Wie viele Nullen hat eine Milliarde?

*

11 Wie die ersten Buchstaben unseres Alphabets lauten, das weiß jedes Kind. Wie aber heißen die ersten drei Buchstaben des griechischen Alphabets?

*

12 Wer die englische Sprache beherrscht, kann sich mit mehr als 360 Millionen Menschen verständigen. In wie vielen Staaten der Welt wird diese Sprache gesprochen?

8 Es heißt Dudelsack und stammt eigentlich aus Asien. Heute verbindet man diese Sackpfeife vor allem mit Schottland, aber sie kommt auch auf dem Balkan vor. Das Instrument besteht aus einem Ledersack, der durch ein Mundrohr mit Luft gefüllt wird. Die Luft bringt dann zwei Bordune (Pfeifen mit feststehenden Tonhöhen) und eine Melodiepfeife zum Klingen. Die Lautstärke wird durch den Druck des Armes auf den Ledersack geregelt.

*

9 Buckingham-Palast. Der Palast, der seit 1837 die Residenz der britischen Könige in London ist, wurde im Jahre 1703 erbaut. Er befindet sich unweit des St. James Parks im Stadtteil Westminster.

*

10 Eine Milliarde hat neun Nullen. Das heißt: Eine Milliarde sind 1 000 Millionen.

*

11 Alpha, Beta und Gamma sind die ersten Buchstaben des griechischen Alphabets. Das Wort Alphabet wird, wie hier ersichtlich ist, aus den zwei ersten Buchstaben des griechischen Alphabets abgeleitet.

*

12 Englisch wird in 34 Staaten der Welt geredet. Somit ist die englische Sprache jene, die in den meisten Staaten gesprochen wird.

13 Für die Indianer ist Gott nicht an eine bestimmte Person oder Figur gebunden, sondern sie sehen darin eine Kraft, die in allem, was auf der Erde existiert, enthalten ist. Wie nennen die Indianer diese Gottheit?

*

14 Die internationale, überstaatliche und neutrale Bewegung für junge Leute wurde im Jahre 1907 in England gegründet. Ihr Wahlspruch lautet – auch noch heute – »Allzeit bereit!« Welche Bewegung, die weltweit ihre Anhänger hat, steckt dahinter?

*

15 Die prachtvollen Wandteppiche mit ihren Bildern und Ornamenten findet man oft in Schlössern und Burgen. Benannt sind diese gewebten Kunstwerke nach einer bekannten Pariser Färberfamilie aus dem 17. Jahrhundert. Wie heißen die Teppiche?

*

16 Wenn der Bär nicht brummt und der Hund nicht bellt, sondern beide ganz verständlich die Sprache der Menschen sprechen und Geschichten erzählen, dann haben wir eine bestimmte Bezeichnung dafür. Wie nennt man diese Geschichte?

13 Im Deutschen wird diese Gottheit als Manitu bezeichnet. Bei den Algonkin-Indianern heißt sie »guitche manitoo«, bei den Sioux »waconda«, bei den Apachen »yastasinane«. Letzteres bedeutet in der Übersetzung »Kapitän des Himmels«.

*

14 Gemeint sind die Pfadfinder. Die 1907 als »Boy Scouts« gegründete Bewegung hatte und hat zum Ziel, junge Menschen durch ein mit der Natur verbundenes Leben zu gesundem Denken und gegenseitiger Hilfsbereitschaft zu erziehen. In Deutschland wurde die erste Pfadfindergruppe im Jahre 1911 gegründet.

*

15 Die Teppiche heißen Gobelins. Ihren Namen haben sie in Anlehnung an den Namen der französischen Familie Gobelin bekommen, welche dafür bekannt war, die schönsten Teppiche herzustellen. Im Jahre 1662 erhielt die Werkstatt der Familie von König Ludwig XIV. den Titel der königlichen Teppichmanufaktur. Die ältesten Gobelins stammen aus Ägypten, während in Europa die ersten der gewirkten Teppiche im 12. Jahrhundert hergestellt wurden. In Frankreich und auch in den Niederlanden erlebten die Gobelins zwischen dem 15. und 17. Jahrhundert ihre Blütezeit.

*

16 Geschichten, in denen Tiere die Hauptrolle spielen, nennt man Fabeln. Diese Erzählungen haben meistens einen lehrhaften Hintergrund. Ein bekannter Fabeldichter war der französische Schriftsteller Edmond de La Fontaine. Aber auch die deutschen Dichter Gotthold Ephraim Lessing und Christian Fürchtegott Gellert haben bekannte Fabeln geschrieben.

17 Für diese Wissenschaftler gibt es nichts Schöneres, als sich mit ganz alten Sachen abzugeben. Je älter ein Gegenstand ist, desto interessanter ist er für sie. Wie heißen diese Experten, die alte Kulturen erforschen?

*

18 Wenn die Karawanen durch die Wüste zogen, hielten die Reisenden oft Ausschau nach Wasserstellen mitten in der Wüste. Dort konnten sie sich mit neuen Wasservorräten eindecken. Wie nennt man diese Wasserstellen?

*

19 Es gibt eine Armee, bei der kein einziger Soldat eine Waffe trägt. Statt dessen tragen ihre Angehörigen oft Musikinstrumente, auf denen sie in den Straßen spielen. Wie heißt diese Armee, die sich um Menschen in Not kümmert?

17 Es handelt sich dabei um Archäologen. Das Wort Archäologie stammt aus dem Griechischen und bedeutet in der Übersetzung soviel wie »Altertumsforschung«. Archäologen sind demnach Frauen und Männer, die sich der wissenschaftlichen Erforschung alter Kulturen widmen. Dies geschieht unter anderem durch Ausgrabungen von Bauten, Denkmälern und Kunstwerken. Aber auch die Entzifferung von Schriften gehört zum Aufgabengebiet der Archäologen.

*

18 Oasen. Dabei handelt es sich um Vegetationsinseln mitten in der Wüste oder in den Trockensteppen. Sie verfügen über natürliche Wasservorkommen, die meist von einer Quelle gespeist werden. Oasen sind seit jeher Rast- und auch Handelsplätze auf den Karawanenwegen.

*

19 Die friedvollste Armee der Welt ist die Heilsarmee. Sie wurde 1865 als »Salvation Army« in London gegründet. Ihr geistiger Vater war der Methodistenprediger William Booth (1829-1912). Die Armee, der heute etwa drei Millionen Mitglieder in 86 Ländern angehören, besteht aus Soldaten und Offizieren, die alle eine bestimmte Uniform tragen. Die Hilfsarmisten leisten mit viel Erfolg karitative Hilfe in vielen Bereichen und vermitteln zusätzlich noch die christlichen Botschaften.

20 Zur Ausübung von religiösen Handlungen gibt es nicht nur die Kirchen, wie wir sie kennen, sondern auch andere Gotteshäuser. Wie nennt man die Gebetshäuser der Mohammedaner?

*

21 Diese internationale Polizeibehörde wurde im Jahre 1923 in Wien gegründet. Heute befindet sich ihre Zentrale in Paris. Wie ist ihr Name?

*

22 Bei diesem Glücksspiel mit dem französischen Namen geht es meist recht vornehm zu. Sogar der Spielleiter am Tisch spricht in französischen Ausdrücken. Wie heißt dieses Spiel?

20 Sie heißen Moscheen. In der arabischen Sprache heißt Moschee »Ort der Anbetung«. Moscheen werden nach einem ganz bestimmten System errichtet, welches zur Religionsausübung nötig ist. Dazu gehören die schlanken Türmchen, die Minarette, von denen fünfmal am Tag zum Gebet aufgerufen wird, die Gebetskanzel und auch der rechteckige Hof mit Wasserbecken für die rituellen Waschungen. Die eigentliche Gebetshalle und die Gebetsnische zeigen stets nach Mekka, dem wichtigsten Wallfahrtsort des Islam.

*

21 Sie heißt Interpol. Die Bezeichnung steht für »Internationale Kriminalpolizeiliche Organisation«. 147 Staaten gehören der Organisation an. Ziel der Behörde ist es, sich gegenseitig bei staatenübergreifender Verbrechensbekämpfung zu unterstützen. Vor allem beim Austausch von Informationen über Straftaten spielt Interpol eine wichtige Rolle.

*

22 Es heißt Roulette und besteht aus einem Drehkessel mit 37 roten und schwarzen Feldern, die numeriert sind, und einer Kugel. Die Ziffer Null ist als einzige auf einem grünen Feld zu sehen. Auf einem Setzfeld können Jetons (Spielmarken) für bestimmte Zahlen oder Zahlenkombinationen gesetzt werden. Die Kugel ermittelt die Gewinnzahl. Beim Roulette sind Gewinne möglich, die 36mal so hoch sind wie der eigentliche Einsatz. Aber wie bei allen Glücksspielen gibt es auch hier mehr Verlierer als Gewinner.

23 Mit diesen Steinen kann man die tollsten Sachen bauen: Häuser, Schiffe, Autos und noch vieles mehr. Sie sind weltbekannt geworden unter dem Namen Lego. Aus welchem Land stammen sie?

*

24 Der Buddhismus ist eine der großen Weltreligionen. In der Bezeichnung für diese Religion ist bereits der Name ihres Gründers zu finden. Um wen handelt es sich?

*

25 In alten Büchern kann man oft von Eingeborenenstämmen lesen, die ihre Gegner geradezu im wahrsten Sinne des Wortes zum Fressen gern hatten. Sie steckten sie nämlich in die Kochtöpfe. Wie nannte und nennt man die Anhänger dieser Praktiken?

*

26 Um hoch oben in den Bergen richtig gut hörbar zu sein, benutzten die Hirten früher ein bestimmtes Blasinstrument. Wie heißt dieses?

23 Die Legosteine kommen aus Dänemark. Ihr Erfinder war ein Herr namens Ole Kirk Christiansen. Herr Christiansen, der in Billund lebte, war Schreiner von Beruf, und so waren seine ersten Bausteine auch nicht aus Kunststoff, sondern aus Holz. Erst ab 1949 wurden die ersten Steine aus Kunststoff gefertigt. Das Wort »Lego« ist übrigens aus zwei dänischen Worten »leg godt« (»spiele gut«) zusammengesetzt.

*

24 Das Wort Buddhismus wurde abgeleitet vom Namen Buddha. Buddha, der eigentlich Siddharta Gautama hieß, lebte von 550 bis 483 vor unserer Zeitrechnung. Nach seiner Erleuchtung machte sich Buddha auf, um die vier edlen Wahrheiten zu verkünden. Heute verbreiten die Anhänger des Buddha seine Botschaft weltweit.

*

25 Man kennt sie unter dem Namen Kannibalen oder, komplizierter ausgedrückt, als Anthropophagen. Dabei handelt es sich meist um Angehörige von Naturvölkern, die – sehr oft aus magischen oder rituellen Gründen – den Körper oder bestimmte Teile davon zerteilen und verzehren. Sie vertreten die Auffassung, daß die Eigenschaften des jeweiligen Körperteils dadurch auf sie übergehen würden.

*

26 Das Holzblasinstrument heißt Alphorn und stammt in dieser Form, wie der Name bereits verrät, aus den Alpen. Das grifflochlose Instrument, das aus einem konischen Rohr besteht, kann bis zu vier Meter lang sein. Während es früher häufig von den Bergvölkern benutzt wurde, wird es heute eigentlich nur noch zur Folklore und zu Festen eingesetzt.

27 Es gibt ein Brettspiel für zwei Personen, das bereits mehrere tausend Jahre alt ist und sich noch immer großer Beliebtheit erfreut. Das Brett ist eine quadratische Fläche mit 64 schwarzen und weißen Feldern. Wie heißt das Spiel?

*

28 Wenn ein Schriftsteller eine Niederschrift seines Werkes an die Druckerei gibt, so hat diese hand- oder maschinengeschriebene Niederschrift einen bestimmten Namen. Wie nennt man sie?

*

29 Während die Bibel als das heilige Buch der Christen gilt, kennen die Mohammedaner ein anderes wichtiges Religionsbuch. Wie heißt es?

*

30 Nicht nur Amerika hat mit dem FBI eine Polizeibehörde, die weltbekannt ist, sondern auch in Großbritannien gibt es eine solche. Wie heißt die englische Kriminalpolizei?

27 Es handelt sich dabei um das Schachspiel. Dieses aus dem Orient stammende Spiel hat auch noch den Beinamen »Spiel der Könige«. Jeder Spieler hat 16 Figuren – einen König, eine Dame, zwei Läufer, zwei Springer, zwei Türme und acht Bauern. Durch das taktisch kluge Bewegen dieser Figuren soll der gegnerische König schachmatt, also bewegungsunfähig, gesetzt werden. Beim Schachspiel, das oft stundenlang dauert, werden das Denken, die Geduld und auch die Ausdauer trainiert.

*

28 Sie heißt Manuskript. Dieses Wort wird abgeleitet vom lateinischen »manuscriptum« (eigenhändig Geschriebenes). Die Manuskripte berühmter Künstler erreichen bei Auktionen oft sehr hohe Preise. Das bislang teuerste war ein 36seitiges Manuskript von Leonardo da Vinci aus dem Jahre 1507. Es wurde am 12. Dezember 1980 in London zum Preis von umgerechnet fast zehn Millionen Mark an einen amerikanischen Ölmilliardär und Kunstmäzen veräußert.

*

29 Das heilige Buch der Mohammedaner ist der Koran. Er enthält 114 Suren oder Kapitel und 6 226 Verse. Der Koran gilt als ein aus göttlicher Offenbarung entstandener Text und ist daher unantastbar. Für den Muslim ist der Koran die Grundlage für seinen Glauben und für sein tägliches Leben.

*

30 Ihr Name ist Scotland Yard. Die Bezeichnung für diese Behörde, über deren Arbeit es jede Menge Kriminalfilme gibt, stammt vom Namen des ehemaligen Zentralgebäudes der Londoner Polizei ab.

31 Wie die amerikanische Flagge aussieht, das weiß fast jeder: weiße Sterne auf blauem Feld sowie blaue und weiße Längsstreifen. Doch was soll sie darstellen?

*

32 Schon die Erstklässler lernen, von welcher Seite aus wir unsere Schrift lesen. Aber von welcher Seite aus wird eigentlich die hebräische Schrift gelesen? Von links nach rechts oder von rechts nach links?

*

33 Es gibt eine Kopfbedeckung, die nur Könige und andere Würdenträger tragen. Sie ist auch nicht aus Stoff, sondern meistens aus Edelmetallen. Von welcher Kopfbedeckung ist hier die Rede?

*

34 Wenn die Cowboys nach einem langen Ritt durch die Prärie wieder in der Stadt waren, trafen sie sich meist im Saloon zu einer Partie Karten. Mit welchem Kartenspiel, bei dem es oft ziemlich rauh zuging, verbrachten sie ihre Zeit?

31 Die Sterne – es sind genau 50 Stück – symbolisieren die Staaten von Amerika; die horizontalen Streifen stehen für die 13 aufständischen Kolonien von 1775. Die Flagge selbst hat den Namen »Stars and Stripes« (engl. »Sterne und Streifen«).

*

32 Die hebräische Schrift wird genau umgekehrt wie unsere Schrift gelesen, nämlich von rechts nach links. Die Schrift, die als eine der ältesten überhaupt gilt und bereits im 11. Jahrhundert vor unserer Zeitrechnung im Gebrauch war, hat nur Zeichen für 22 Konsonanten. Die Vokale werden durch Striche und Punkte über und unter den Konsonantenzeichen angedeutet.

*

33 Von der Krone. Sie gilt als Zeichen der Würde und der Macht und ist meistens aus Gold und Silber und mit reichlich Perlen und Edelsteinen besetzt. Seit dem 17. Jahrhundert gibt es bestimmte Festlegungen der Rangkronen. Nach dieser Festlegung trägt ein Graf eine andere Krone als ein Herzog, und ein Baron eine andere als ein König. Je nach Status wird die Krone dabei immer prächtiger.

*

34 Die Cowboys spielten Poker. Dieses Nationalspiel der Amerikaner kam Anfang des 19. Jahrhunderts in New Orleans auf. Die ersten Spieler sollen französische Siedler gewesen sein. Teile seiner Regeln erinnern auch an alte französische Kartenspiele aus dem 17. Jahrhundert.

35 Ein Hobby sollte jeder Mensch haben. Und bei der Wahl dieses Hobbys entscheidet er sich meistens für etwas, was ihm so richtig Spaß macht. Es gibt allerdings ein Hobby, das beliebt ist wie kein anderes. Welches ist das?

*

36 Wenn man die chinesische Schrift lernen will, muß man viel Ausdauer mitbringen. Denn kaum eine andere Schrift hat so viele Schriftzeichen wie sie. Wie viele mögen es wohl sein?

*

37 Das ganz große Geld kann man machen, wenn man ein Hotel in der Schloßallee und eines in der Parkstraße hat. Landet unter diesen Voraussetzungen eine fremde Spielfigur auf einem dieser Felder, so kann zur Kasse gebeten werden. Bei welchem Spiel kann das vorkommen?

*

38 Asterix und sein Hund Idefix sind jedem Comicfreund bekannt. Der kleine kraftvolle Gallier ist der Schrecken aller Römer. Wie heißt sein ständiger Begleiter?

35 Das Briefmarkensammeln. Kein Hobby ist populärer als das Sammeln von Postwertzeichen. Dieses Steckenpferd ist aber nicht nur Zeitvertreib, sondern kann auch Wissen vermitteln. Viele Briefmarken sind echte Kunstwerke in Miniaturausführung, die man mit Gleichgesinnten tauschen kann. Ein Briefmarkensammler wird auch als Philatelist bezeichnet, während die Briefmarkenkunde Philatelie genannt wird.

*

36 Die chinesische Schrift kennt nicht weniger als 40 000 Schriftzeichen, doch heute werden in den Schulen nur noch etwa 6 000 gelehrt. Die Sprache besteht aus einem System von Bildschriftzeichen und ist für Europäer nicht leicht zu erlernen, denn oft hat eine Silbe ganz verschiedene Bedeutungen.

*

37 Beim Monopoly. Weltweit wurden bislang mehr als 100 Millionen Spiele in den verschiedensten Sprachen verkauft. Erfinder von Monopoly war der Amerikaner Charles Darrow (1889-1967). 1935 erstand das amerikanische Unternehmen Parker Brothers die Rechte an diesem Brettspiel und verkauft es seitdem mit gleichbleibendem Erfolg.

*

38 Asterix' Freund heißt Obelix. Er ist bärenstark, weil er als Kind in den schweren Topf mit dem Zaubertrank gefallen ist. Das unzertrennliche Paar wurde von Albert Uderzo (Zeichnungen) und René Goscinny (Text) erfunden. Die erste Geschichte der beiden erschien im Jahr 1961 im Journal »Pilote«.

39 Die Inuit von heute leben in kleinen oder größeren Ortschaften meist in Holzhäusern, die besonders gegen die strenge Kälte in der Arktis schützen. Nur wenn sie längere Zeit auf Jagd sind, wohnen sie noch in ganz besonderen Gebäuden. Wie nennen wir diese Jagdhäuser?

*

40 Alle Jahre wird in Amerika eine Trophäe verliehen, die außerordentlich begehrt ist. Sie wird für besondere künstlerische Leistungen beim Film vergeben. Wie heißt sie?

*

41 Nur halbe Arbeit muß man leisten, wenn man auf einem solchen Fahrrad durch die Gegend rollt, denn der Beifahrer muß seinerseits auch kräftig in die Pedale treten. Wie nennt man so ein Fahrrad, auf dem zwei Personen Platz finden?

*

42 Es gibt einen Hahn, der nicht über den Hof stolziert und auch nicht auf einem Gatter thront, sondern sich bestenfalls mal zur Seite dreht. Um welchen Hahn handelt es sich?

39 Wir haben die Bezeichnung von den Inuit übernommen und nennen die Jagdhäuser Iglu. Dabei handelt es sich um kleine Kuppelhäuser, die aus Schneeblöcken errichtet werden. Die Innenwände des Iglus werden mit dicken Pelzen behängt, so daß doch eine verhältnismäßig angenehme Temperatur im Inneren aufkommt.

*

40 Ihr Name ist Oscar. Der Oscar wird seit 1929 von der »Academy of Motion Pictures Art and Sciences« verliehen. Die Trophäe zeigt eine schwerthaltende Figur. Andere internationale Filmtrophäen sind der Goldene Bär, der bei den Berliner Filmfestspielen verliehen wird, der Goldene Löwe von den Filmfestspielen in Venedig und die Goldene Palme, die bei den Filmfestspielen in Cannes vergeben wird.

*

41 Es trägt die aus dem Englischen stammende Bezeichnung Tandem. Bei einem Tandem sind zwei Sitze hintereinander angebracht. Beide Radler treten in die Pedale, aber nur der Vordermann kann lenken; die Lenkstange des Hintermannes ist nicht beweglich. Das zweisitzige Tandem ist das bekannteste, aber es gibt auch Fahrräder dieser Art, die über fünf oder noch mehr Sitzplätze verfügen.

*

42 Um den Wetterhahn. Er ist aus Metall und befindet sich meist auf Kirchturmspitzen. Durch seine Drehung zeigt der Hahn die Richtung des Windes an. In verschiedenen Orten findet man auch statt des Hahns einen fahnenähnlichen Gegenstand – die sogenannte Wetterfahne – auf den Dächern. Sie erfüllt den gleichen Zweck wie der Wetterhahn.

43 Wenn eine Person immer nur aufschneidet, von morgens bis abends nur angibt mit dem, was sie alles erlebt haben will, dann erinnert sie an einen ganz bestimmten Baron. Dieser ging wegen seiner erfundenen Abenteuer als »Lügenbaron« in die Geschichte ein. Wie hieß er richtig?

*

44 Wenn man in der Schule nicht die richtige Antwort weiß, so sieht der Lehrer es meist gar nicht gerne, wenn der Nachbar oder der Hintermann flüstert. Im Theater aber ist diese Methode erlaubt. Da gibt es sogar eine Person, deren Aufgabe ausschließlich im Flüstern besteht. Wie nennt man diesen Posten?

*

45 Ein Cowboy ist ja, wenn man die englische Bezeichnung ins Deutsche übersetzt, nichts anderes als ein Kuhjunge. Und im Hüten der Kühe bestand die eigentliche Aufgabe der Cowboys. Wie aber nennt man die Rinderhirten in Südamerika?

43 Der »Lügenbaron« hieß eigentlich Karl Friedrich Hieronymus Freiherr von Münchhausen. Der deutsche Offizier lebte von 1720 bis 1797 und hatte seinen Beinamen durch das dauernde Erzählen von geradezu unglaublichen Abenteuergeschichten bekommen. In allen Geschichten war er selbst der Held, der sich vor überhaupt nichts fürchtete und sogar einmal auf einer Kanonenkugel ritt.

*

44 Die Flüsterer im Theater heißen Souffleuse oder Souffleur. Das Wort stammt aus dem Französischen und heißt in wörtlicher Übersetzung »Flüsterin« oder »Flüsterer«. Die Aufgabe dieser Person, die an einer für das Publikum nicht sichtbaren Stelle der Bühne sitzt, besteht darin, den Schauspielern durch leises Mitsprechen des Textes bei ihrer Rolle zu helfen.

*

45 Sie heißen Gauchos. Genau wie ihre Berufskollegen in Nordamerika sind auch sie Profis im Reiten und Lassowerfen. Neben dem Lasso haben die Gauchos der Pampa aber auch noch ein anderes Arbeitsinstrument. Nämlich die Bola. Dabei handelt es sich um lange Lederriemen, an deren Enden runde Steine befestigt sind. Diese Wurfwaffe schlingt sich beim Auftreffen um ihr Ziel. Entwickelt wurde sie allerdings von den Indianern als Jagdwaffe.

46 In einem Zelt zu übernachten hat irgendwie etwas Abenteuerliches. Ob das nun für mehrere Nächte auf dem Campingplatz ist oder nur für eine Nacht im eigenen Garten – das Zelten macht immer Spaß. Manche Wandervölker leben ständig in Zelten, die, je nach Region, bestimmte Formen haben. Wie sehen die Zelte der asiatischen Nomaden aus?

*

47 Wenn Naturvölker Feste feiern oder bestimmte Zeremonien begehen, tauchen häufig furchterregende Maskenträger auf. Wozu treten sie auf?

*

48 Wenn wir mit jemandem sprechen wollen, der etliche Kilometer oder weiter von uns entfernt ist, dann greifen wir zum Telefon. Im Urwald, wo es kein Telefon gibt, hat man dazu auch heute noch ein anderes Mittel. Wie verständigen die Eingeborenen sich dort über weite Entfernungen?

46 Die Zelte der Nomaden in Asien und auch in Afrika sind die sogenannten Jurten. Diese Rundzelte, die im Inneren in drei Teile aufgeteilt sind, haben ein Kuppeldach, in dessen Mitte sich eine Öffnung befindet, aus der der Rauch des Lagerfeuers entweichen kann. Beim Aufbau des Zeltes, um den sich die Frauen des Stammes kümmern, wird zuerst ein hölzernes Gerüst errichtet, auf das dicke Filztücher gezogen werden. Das Aufstellen oder der Abbruch eines solchen Zeltes dauert meist nur 20 Minuten.

*

47 Die Masken haben mehrere Funktionen. In erster Linie dienen sie dazu, böse Geister und Dämonen zu vertreiben. Man glaubt, die richtig gruselig aussehenden Masken würden die Geister so erschrecken, daß diese von einzelnen Personen oder auch der Dorfgemeinschaft ablassen würden. Auch werden Masken getragen, wenn der Träger mit den Geistern reden möchte, aber dabei nicht erkannt werden will.

*

48 Mit Trommeln. In vielen Ländern in West- und Zentralafrika ist das Übermitteln von Botschaften und Meldungen mit Hilfe von Trommeln noch immer üblich. Dabei wird nach bestimmten Rhythmen getrommelt. Eine solche Trommelbotschaft kann 15 bis 20 Kilometer weit zu hören sein.

49 Die Paläste, in denen früher die orientalischen Für-
sten lebten, waren nicht nur sehr geräumig, sondern sie
wiesen meist auch allen nur erdenklichen Luxus auf. So gab
es dort Bassins, in denen besonders schöne Fische gehalten
wurden. Heute ist diese Art der Fischhaltung jedermann
möglich. Wie nennt man den »Wohnraum« von Zier-
fischen?

*

50 Im Urlaub ist es immer wieder interessant, die Lan-
desgerichte des jeweiligen Urlaubslandes kennenzulernen.
Manche dieser Gerichte kann man aber auch bei uns essen.
So zum Beispiel die Pizza. Woher stammt sie?

*

51 Es gibt viele interessante Häuserformen, aber die toll-
ste ist wohl noch immer das Baumhaus. Hoch oben auf
einem Baum kann man auf nur wenigen Quadratmetern
sein eigenes kleines Reich haben. Wie sind die Baumhäuser
eigentlich entstanden?

*

52 Die Männer und Frauen, die dieser Organisation angehören, haben sich vorgenommen, mit gewaltfreien und
direkten Aktionen auf Umweltverschmutzung und -zer-
störung aufmerksam zu machen. Manchmal benutzen die
»Regenbogenkrieger«, wie sie genannt werden, dabei geradezu spektakuläre Methoden. Wie heißt die international
bekannte Organisation, der sie angehören?

49 Die Rede ist von Aquarien. Ein Aquarium besteht heute meistens aus einem viereckigen Glasbehälter, der so groß ist, daß er den Fischen genügend Bewegungsfreiheit läßt. Neben den Fischen selbst gehören auch Pflanzen dort hinein. Diese sind nicht nur dekorativ, sondern haben einen praktischen Nutzen. Die Schaffung einer solchen Welt unter Wasser kann ein sehr interessantes Hobby sein. Menschen mit diesem Hobby bezeichnet man als Aquarianer, das Hobby selbst ist die Aquaristik.

*

50 Aus Italien. Die Pizza ist ein typisches italienisches Gericht aus Hefeteig. Je nach Art wird der Teig mit Tomaten, Käse, Gewürzen, Salami, Thunfisch oder anderem belegt und im Ofen gebacken. Während wir Pizza heute gern essen, war dieses Gericht, das aus einem Fladenbrot entstanden ist, früher die Mahlzeit der armen italienischen Bauern.

*

51 Die ersten Baumhäuser dienten, so nimmt man an, nicht zum Wohnen, sondern sind als Beobachtungsposten auf Bäumen entstanden. Später entdeckte man die Vorteile dieser Art von Häusern. Oben in den Bäumen war man, bei eingezogener Strickleiter, auch in der Nacht vor wilden Tieren sicher.

*

52 Der Name der Organisation ist Greenpeace. Die Vereinigung wurde 1971 im kanadischen Vancouver gegründet. Greenpeace ist unparteiisch und unabhängig; ihre Aktivitäten für eine lebenswertere Umwelt werden aus Spenden finanziert. Innerhalb der Vereinigung arbeiten auch an vielen Orten Aktionsgruppen für Kinder und Jugendliche. Sie nennen sich Greenhoppers.

Wichtige Währungen

So zahlt man in . . .

Ägypten	Ägyptisches Pfund
Argentinien	Peso
Australien	Australischer Dollar
Belgien	Belgischer Franc
Brasilien	Cruzeiro
China / Volksrepublik	Renminbi Yuan
Dänemark	Dänische Krone
Deutschland	Deutsche Mark
Finnland	Finnmark
Frankreich	Französischer Franc
Griechenland	Drachme
Großbritannien	Pfund Sterling
Indien	Indische Rupie
Irland	Irisches Pfund
Italien	Italienische Lira
Japan	Yen
Kanada	Kanadischer Dollar
Liechtenstein	Schweizer Franken
Luxemburg	Luxemburgischer Franc
Mexiko	Peso
Neuseeland	Neuseeland-Dollar
Niederlande	Holländischer Gulden

Norwegen	Norwegische Krone
Österreich	Österreichischer Schilling
Polen	Zloty
Portugal	Escudo
Rußland	Rubel
Schweden	Schwedische Krone
Schweiz	Schweizer Franken
Slowakei	Slowakische Krone
Spanien	Peseta
Südafrika	Rand
Tschechische Republik	Krone
Türkei	Türkische Lira
Ungarn	Forint
USA	US-Dollar

Ganz schön schlau!
?!

Welcher Uhr schadet es nichts,
wenn Sand im Getriebe ist?

Der Sanduhr

Welche Straße ist, trotz ihres
Namens, nicht aus Milch?

Die Milchstraße

Welchen Gurt sollte jeder
Autofahrer tragen?

Den Sicherheitsgurt

Welche Linsen helfen das
Sehvermögen verbessern?

Die Kontaktlinsen

Welchen Sack nimmt der
Seemann, wenn er seine
Kleider für die Reise einpackt?

Den Seesack

Welche Kerzen soll man mit
einem Atemzug auspusten?

Die Kerzen auf der
Geburtstagstorte

Welche Uhr ist die Wohnung
eines Vogels?

Die Kuckucksuhr

Welcher Hund hat, trotz seines
Namens, nichts mit einem
Boxring zu tun?

Der Boxer

Welche Burg kann von keinem
Menschen bewohnt werden?

Die Sandburg

Welcher Vogel mag, trotz seines
Namens, kein Eis?

Der Eisvogel

Welche Handschuhe dienen
nicht zum Wärmen, sondern
zum Schlagen?

Die Boxhandschuhe

Welchen Sack benutzt man, wenn man im Zelt übernachten will?

Den Schlafsack

Welche Lampe leuchtet nicht nur in der Tasche?

Die Taschenlampe

Welche Trommel kann man mit nur einem Finger spielen?

Die Maultrommel

Welche Post überbringt nicht der Briefträger, sondern das Meer?

Die Flaschenpost

Welches Paar Schuhe hat acht Räder?

Die Rollschuhe

Welcher Wald ist, trotz seines Namens, nicht schwarz?

Der Schwarzwald

Welches Tier wohnt gelegentlich in einem Apfel?

Der Wurm

Welches Boot kann man aufblasen?

Das Schlauchboot

Welche Schirme nutzen nichts, wenn man sich vor Regen schützen will?

Der Fallschirm und der Fernsehschirm

Welche Uhr bleibt immer stehen?

Die Standuhr

Welcher Hut ist, trotz seines Namens, nicht aus Zucker?

Der Zuckerhut

Welchem »Stern« ist, trotz seines Namens, nicht alles schnuppe?

Der Sternschnuppe

Welches eisenhaltige Abführmittel benutzen Polizisten manchmal?

Die Handschellen

Welche Helme schützen vor Sonnenstrahlen?

Die Tropenhelme

Welche Stube sucht man auf, wenn man ins Ausland fahren will?

Die Wechselstube

Welches Tier bräuchte viele Schuhe, wenn es welche tragen würde?

Der Tausendfüßler

Nur eine Antwort stimmt
?

Wie heißen die Wasserstraßen in Amsterdam?

a) Gruften
b) Grachten
c) Gransen

*

Wo befinden sich die größten Filmstudios der Welt?

a) In München
b) In Paris
c) In Hollywood

*

Wie hieß der spanische Maler Picasso mit Vornamen?

a) Luis
b) Pablo
c) Miguel

*

Wie nannte man im Altertum jene Kämpfer, die in den Arenen auftraten?

a) Konquistadoren
b) Matadoren
c) Gladiatoren

Nur eine Antwort stimmt
!

Antwort b) ist richtig. Die Stadt Amsterdam ist von vielen solcher Grachten durchzogen, an denen alte Häuser stehen, die zum Großteil auf Pfählen gebaut sind.

*

Antwort c) ist richtig. Die größten Filmstudios der Welt befinden sich in Hollywood, einem Vorort der Millionenstadt Los Angeles. Es handelt sich dabei um die »Universal City«. Auf dem riesigen Gelände stehen nicht weniger als 561 Gebäude, wobei allein in 34 Gebäuden hochmoderne Aufnahmestudios zu finden sind.

*

Antwort b) ist richtig. Pablo Picasso (1881-1973), der eigentlich Pablo Ruiz y Picasso hieß, gilt als der bedeutendste Künstler der modernen Malerei. Der in Malaga geborene Maler, der eine Vielfalt oft ganz verschiedener Werke hinterließ, übte einen überragenden Einfluß auf die moderne Kunst aus.

*

Antwort c) ist richtig. Diese Kämpfer traten in den Arenen gegeneinander oder gegen wilde Tiere an. Ihre Überlebenschancen waren nicht sehr hoch. Die Konquistadoren hingegen waren die spanischen Eroberer, die im 16. Jahrhundert in Südamerika wüteten. Und Matadoren sind Stierkämpfer.

Welche Hunde haben eine bläuliche Zunge?

a) Die Afghanen
b) Die Chow-Chows
c) Die Pekinesen

*

Was ist eine Balalaika?

a) Ein Musikinstrument
b) Ein Schlittengespann
c) Ein Ballspiel

*

Was erfand Emil Berliner im Jahre 1887?

a) Das Radio
b) Die Waschmaschine
c) Die Schallplatte

*

Was ist ein Speläologe?

a) Ein Höhlenforscher
b) Ein Facharzt
c) Ein Meeresforscher

Antwort b) ist richtig. Die Chow-Chows haben tatsächlich eine bläuliche Zunge. Diese Zunge wurde den aus Asien stammenden Hunden früher oft zum Verhängnis. Die armen Vierbeiner landeten im Kochtopf, weil sie als Delikatesse galten. Chow-Chow heißt in der Übersetzung »Lecker, lecker«.

*

Antwort a) ist richtig. Die Balalaika, die aus der Ukraine stammt, ist ein sehr altes Zupfinstrument. Ihr Resonanzkörper hat eine dreieckige Form und meistens nur drei Saiten. Es gibt sie in sechs verschiedenen Größen. Ein Balalaikaorchester umfaßt vier bis 25 Balalaikas.

*

Antwort c) ist richtig. Emil Berliner kann als »Vater der Schallplatte« bezeichnet werden. Der Deutsche, der nach Amerika ausgewandert war, erfand sie im Jahre 1887. Weil die Schallplatte allein aber wenig Nutzen ergab, entwickelte er auch gleich das Grammophon, mit dem die Platten auch abgespielt werden konnten.

*

Antwort a) ist richtig. Der Speläologe ist ein Wissenschaftler auf dem Gebiet der Speläologie, der Höhlenkunde. Durch Untersuchungen in großen Höhlen versuchen diese Wissenschaftler, Erkenntnisse über die Geschichte der Erde zu erlangen.

Welcher italienische Fluß heißt genauso wie ein menschlicher Körperteil?

a) Der Po
b) Der Hals
c) Der Arm

*

Wer erfand den Buchdruck mit beweglichen Lettern?

a) Thomas Chippendale
b) Johannes Gutenberg
c) Heraklit von Ephesos

*

Wer wurde in der Schlacht bei Waterloo besiegt?

a) Fürst Blücher
b) Der Duke of Wellington
c) Kaiser Napoleon von Frankreich

*

Wie heißt das bekannte Segelschulschiff der Bundesmarine?

a) Gorch Fock
b) Berlin II
c) MS Hilda

Antwort a) ist richtig. Der Fluß mit dem für uns ungewöhnlichen Namen ist 676 Kilometer lang. Er entspringt in den Cottischen Alpen und mündet mit einem mächtigen Delta in das Adriatische Meer.

*

Antwort b) ist richtig. Johannes Gutenberg (1397-1468), der eigentlich Johannes Gensfleisch zur Laden hieß, hat im Jahre 1445 mit der Erfindung der beweglichen Lettern den Buchdruck revolutioniert. Das erste große Druckwerk, das auf diese Weise entstand, waren die sogenannten »Gutenberg-Bibeln«, von denen es heute nicht mehr viele gibt und die sehr wertvoll sind. Thomas Chippendale (1718-1779) war ein bekannter englischer Möbelschreiner, Heraklit von Ephesos (550-480 v. Chr.), war ein griechischer Naturphilosoph, der wichtige Schriften zur Philosophie hinterlassen hat.

*

Antwort c) ist richtig. Am 18. Juni 1815 gelang den Truppen von Arthur Wellesley Duke of Wellington (1769-1852) und von Fürst Gebhard Leberecht Blücher (1742-1819) in der Schlacht bei Belle Alliance (Waterloo) gemeinsam der entscheidende Schlag gegen und somit der Sieg über Napoleon.

*

Antwort a) ist richtig. Benannt wurde das einzige Segelschulschiff der deutschen Bundesmarine nach dem deutschen Schriftsteller Gorch Fock (1880-1916) alias Hans Kinau.

Welches war der größte Geldschein, der jemals in Umlauf war?

a) Der Texas-Dollar von 1802
b) Der niederländische Gulden aus dem 17. Jahrhundert
c) Der chinesische Yuan aus der Ming-Dynastie

*

Welches unserer Haustiere war bei den Ägyptern heilig?

a) Der Hund
b) Die Katze
c) Der Hamster

*

Was ist eine Oboe?

a) Ein Bergwind
b) Ein Musikinstrument
c) Eine Speise

*

Wie heißen die Polizisten in England?

a) Schupos
b) Bobbies
c) Flics

*

In welcher europäischen Stadt gibt es 2 400 Brücken?

a) In Venedig
b) In Hamburg
c) In Amsterdam

Antwort c) ist richtig. Diesen Geldschein mußte man mehrere Male falten, wenn man ihn in die Tasche stecken wollte. Der Yuan aus der Ming-Dynastie hatte die stattliche Größe von 22,8 auf 33 Zentimeter.

*

Antwort b) ist richtig. Die Katze, oder Minu, wie die Ägypter sie nannten, genoß im alten Ägypten sehr hohes Ansehen. Wer eine Katze schlug, mußte mit schweren Strafen rechnen. Wenn die Tiere starben, wurden sie in kleinen, eigens für sie gebauten Grabstätten beigesetzt.

*

Antwort b) ist richtig. Die Oboe gehört zu den Holzblasinstrumenten. Sie ist etwa 60 Zentimeter lang mit 16-22 Löchern und einem komplizierten Klappenmechanismus versehen. Ihr näselnder Klang entsteht durch das Doppelrohrblatt, durch das sie angeblasen wird.

*

Antwort b) ist richtig. Der englische Bobby hat seinen Namen von Sir Robert »Bobby« Peel (1788-1850). Dieser Mann hatte sich um die Neuordnung der englischen Polizei verdient gemacht.

*

Antwort b) ist richtig. Über die Kanäle von Venedig führen 400 Brücken, über die der niederländischen Hauptstadt 1 281. Hamburg hingegen hat 2 400 Brücken aufzuweisen, also mehr als Venedig, Amsterdam und auch London zusammen.

Welcher römische Kaiser soll veranlaßt haben, Rom in Brand zu stecken?

a) Caesar
b) Decius
c) Nero

*

Woran erkennt man das Alter eines Baumes?

a) An den Jahresringen
b) An den Ästen
c) An der Wurzel

*

Was ist ein Camembert?

a) Eine Käsesorte
b) Eine Weinsorte
c) Ein Gewürz

*

Was ist eine Machete?

a) Eine ausländische Währung
b) Ein schweres Haumesser
c) Eine eßbare Pflanze

Antwort c) ist richtig. Nero (37-68 n. Chr.), der mit vollem Namen Nero Claudius Drusus Germanicus Caesar hieß, soll es gewesen sein, der im Jahre 64 den Befehl zur Brandlegung in Rom gegeben hat. Er legte den Christen den Brand zur Last und verursachte damit die erste Christenverfolgung.

*

Antwort a) ist richtig. Wenn ein Baum gefällt ist, läßt sich sein Alter sehr leicht an den Jahresringen, die gleich hinter der Rinde beginnen, abzählen. Jeder dieser abwechselnden Ringe von hellem und dunklem Holz stellt ein Jahr dar. Wer sich mit Bäumen ein wenig auskennt, kann auf diese Weise sogar weitere Details über die Geschichte des Baumes herausfinden. Etwa, wie das Wetter in einem bestimmten Jahr war und ob der Baum ohne Störungen wachsen konnte.

*

Antwort a) ist richtig. Der Camembert ist ein bekannter französischer Weichkäse. Er hat seinen Namen vom Dorf Camembert, das sich in der Normandie befindet.

*

Antwort b) ist richtig. Die Machete ist ein schweres Haumesser. Diese »Buschmesser« setzt man vor allem im Unterholz des Urwaldes ein, um dort Wege durch das Dickicht zu schlagen. Das Wort Machete wurde aus dem Spanischen ins Deutsche übernommen.

Was ist ein Blizzard?

a) Ein Blitzableiter
b) Ein Überraschungsbesuch
c) Ein Schneesturm

*

Was ist ein Basar?

a) Ein orientalischer Markt
b) Eine Verkaufsmöglichkeit auf Wohltätigkeitsveranstaltungen
c) Ein orientalisches Kaufhaus

*

Welcher Berufsstand hat ein Skalpell als Arbeitsinstrument?

a) Die Dirigenten
b) Die Ärzte
c) Die Kraftfahrzeugmechaniker

*

Was ist eine Stradivari?

a) Eine Violine
b) Eine Autobahnraststätte in Italien
c) Ein schnelles Segelboot

*

In welcher Stadt steht die Akropolis?

a) In Wien
b) In Trier
c) In Athen

Antwort c) ist richtig. Blizzard heißen in Nordamerika die starken Schneestürme. Sie werden oft von schweren Gewittern begleitet und sind gefürchtet, denn ein richtiger Blizzard kann schlimme Verwüstungen anrichten.

*

Antworten a), b) und c) sind richtig. Als Basar bezeichnet man sowohl einen orientalischen Markt als auch ein orientalisches Kaufhaus als auch eine Verkaufsmöglichkeit auf Wohltätigkeitsveranstaltungen.

*

Antwort b) ist richtig. Das Skalpell gehört zu den Arbeitsinstrumenten der Ärzte, insbesondere der Chirurgen. Es handelt sich dabei um ein sehr scharfes Messer mit einer feststehenden Klinge, das bei Operationen eingesetzt wird.

*

Antwort a) ist richtig. Die Stradivari ist eine Violine, die aus der Werkstatt von Antonio Stradivari (1644-1737) stammt. Der italienische Geigenbauer war berühmt für die Violinen, Violen und Violoncelli, die aus seiner Werkstatt kamen. Die wenigen originalen Stradivari, die heute noch erhalten sind, haben einen sehr hohen Wert.

*

Antwort c) ist richtig. Von der Akropolis in Athen stehen nur noch die Ruinen. Man nimmt an, daß die Bauten um das 5. Jahrhundert vor unserer Zeitrechnung errichtet worden sind. Dazu zählt auch das Pantheon, das der Göttin Athene geweiht ist. Es gilt als Meisterwerk der Maße und der harmonischen Formgestaltung.

Welche bekannte Hunderasse züchten die Mönche vom Hospiz des Großen Sankt Bernhard?

a) Die Dalmatiner
b) Die Dackel
c) Die Bernhardiner

*

Was ist eine Subvention?

a) Eine Unterlage
b) Ein Umsturzversuch
c) Eine Unterstützung

*

Welche französische Stadt hat den bekanntesten aller Triumphbögen aufzuweisen?

a) Metz
b) Paris
c) Calais

*

Was ist ein Rosarium?

a) Ein großer Rosengarten
b) Ein juckender Hautausschlag
c) Ein süßlich schmeckendes Gewürz

Antwort c) ist richtig. Die ersten Bernhardiner kamen vom Hospiz am Großen Sankt Bernhard. Die Mönche im Hospiz hatten damit einen menschenfreundlichen Rettungshund gezüchtet, der vor allem im Schnee wertvolle Hilfe leistete. Der berühmteste Bernhardiner war Barry. Er hat mehr als 40 Menschen das Leben gerettet.

*

Antwort c) ist richtig. Das Wort stammt aus dem Lateinischen (»subventio«) und bedeutet »Hilfeleistung«, meistens in Form von finanzieller Unterstützung.

*

Antwort b) ist richtig. Der bekannteste Triumphbogen der Welt steht in Paris, in der Mitte eines Rundkreises, der einer der wichtigen Verkehrsknotenpunkte der Stadt ist. Auch der bekannte Prachtboulevard Champs-Elysées führt zu diesem Wahrzeichen der französischen Hauptstadt. Das 50 Meter hohe Bauwerk ist reichlich mit Statuen und Reliefs verziert.

*

Antwort a) ist richtig. Große Rosenanlagen in Parkgelännden bezeichnet man als Rosarien. Meistens kann man in einem solchen Rosarium unzählige verschiedene Arten von Rosen bewundern, die oft an besonderen Gerüsten und Mauern emporranken.

Was ist ein Kajak?

a) Ein Schlafraum auf Booten und Schiffen
b) Ein Sportpaddelboot
c) Eine exotische Bohnenart

*

Was ist ein Carabiniere?

a) Eine abschließbare Strandkabine
b) Ein altertümliches Gewehr
c) Ein Mitglied einer Polizeitruppe

*

Was ist ein Apfelwickler?

a) Eine Reptilienart
b) Ein Apfelverpacker
c) Ein Schmetterling

*

Wie nennt man die in Nordamerika stattfindenden Reitwettbewerbe?

a) Rodeos
b) Rittberger
c) Rodomontaden

Antwort b) ist richtig. Das Kajak ist ein ein- oder mehrsitziges Sportpaddelboot, das mit Doppelpaddeln gerudert wird. Die »Erfinder« dieser Boote sind die Inuit, die Bewohner der arktischen Gebiete. Bei ihnen wurden und werden die Kajaks aus Walroßrippen und Seehundfellen hergestellt.

*

Antwort c) ist richtig. Ein Carabiniere ist ein Angehöriger der Carabinieri, der italienischen Polizeitruppe. Diese Truppe ist zu vergleichen mit unserer Polizei, hat aber noch weitergehende Aufgaben.

*

Antwort c) ist richtig. Der Apfelwickler ist ein Schmetterling. Er hat braungraue Vorderflügel, die an der Spitze zusätzlich einen rötlich umrahmten Fleck haben. Die Eier legt das Weibchen in welkende Blüten und in unreifes Obst.

*

Antwort a) ist richtig. Die Reitwettbewerbe der Cowboys und Viehzüchter heißen Rodeos. Der Rittberger hingegen ist ein Kürsprung beim Eiskunstlauf, der nach dem Eiskunstläufer W. Rittberger benannt wurde. Eine Rotomontade ist nichts anderes als ein aus dem Französischen stammendes Wort für Angeberei.

Was ist die Aorta?

a) Eine Schlangenart
b) Die Hauptschlagader
c) Eine Festungstür

*

Was ist ein Paravent?

a) Ein Fallschirmspringer
b) Ein Regenschirm
c) Ein Windschirm

*

Wo findet man Stalagtiten?

a) In Höhlen
b) Auf dem Meeresboden
c) In der Wüste

*

Was verbirgt sich hinter dem Wort Aquarell?

a) Eine ausgeprägte Wasserangst
b) Ein mit Wasserfarben gemaltes Bild
c) Ein Becher mit sauberem Trinkwasser

Antwort b) ist richtig. Als Aorta bezeichnet man die Hauptschlagader. Von ihr zweigen alle anderen Schlagadern ab. Die Aorta des menschlichen Körpers entspringt in der linken Herzkammer.

*

Antwort c) ist richtig. Der Paravent ist ein Windschirm. Man findet diese Schutzeinrichtung aus Stoff heute vor allem in den verschiedenen Formen an Stränden. Früher wurde er auch als »spanische Wand« bezeichnet und diente als Unterteilung bestimmter Wohnräume.

*

Antwort a) ist richtig. Stalagtiten findet man in Höhlen. Es handelt sich dabei um Tropfsteine. Sie entstehen durch herabtropfendes Sickerwasser, das kohlensauren Kalk ausscheidet. Stalagliten nennt der Experte jene Zapfen, die von der Decke herabhängen, während solche, die vom Boden nach oben wachsen, als Stalagmiten bezeichnet werden. Stoßen beide zusammen, so entstehen richtige Säulen.

*

Antwort b) ist richtig. Ein Aquarell ist ein Bild, das mit Wasserfarben gemalt wurde, also mit Farben, die wasserlöslich sind. Diese Art der Malerei ist schon sehr alt. In Ägypten war sie schon im 2. Jahrtausend v. Chr. bekannt.

111 verblüffende Fragen und Antworten

Warum wackeln Wolkenkratzer?
Wer singt schöner: Enrico Caruso oder ein Computer? Gibt es Plastik, das auf Bäumen wächst?
Ist Backpulver auch ein Sprengstoff? Wann gibt es die ersten Marsmenschen? Wo ist das stillste Örtchen der Welt?
Oft erkennen wir sie nicht, und dennoch steckt sie hinter vielen ganz gewöhnlichen Vorgängen: die moderne Technik. Sie ist ganz schön kompliziert, und sie kann immer wieder überraschen. Dieses Buch durchleuchtet 111 verblüffende technische Zusammenhänge unseres Alltags.
Ein unterhaltsames und informatives Frage- und Antwortbuch mit vielen witzigen Illustrationen.
136 Seiten. Gebunden. Ab 10

Arena